부르는 행복을
마중 나가라

초판 1쇄 발행  2016년 12월 24일

지 은 이   김필수
발 행 인   권선복
편   집   김정웅
표지디자인  김진디자인
내지디자인  이은숙
캘리그래피  김정기
마 케 팅   권보송
전 자 책   천훈민
발 행 처   도서출판 행복에너지
출판등록   제315-2011-000035호
주   소   (157-010) 서울특별시 강서구 화곡로 232
전   화   0505-613-6133
팩   스   0303-0799-1560
홈페이지   www.happybook.or.kr
이 메 일   ksbdata@daum.net

값 16,000원

ISBN  979-11-5602-444-6    03190

Copyright ⓒ 김필수, 2016

도서출판 행복에너지는 독자 여러분의 아이디어와 원고 투고를 기다립니다. 책으로 만들기를 원하는
콘텐츠가 있으신 분은 이메일이나 홈페이지를 통해 간단한 기획서와 기획의도, 연락처 등을 보내주십시오.
행복에너지의 문은 언제나 활짝 열려 있습니다.

# 행복을 부르는 마술피리

글 · 김필수

도서
출판 **행복에너지**

추천사

힘들게 일만 하다가 세상을 하직하는 자도 있고, 운동선수가 시합을 하다가 죽기도 한다. 한편 큰 건물이 무너졌는데 살아나온 사람도 있고, 비관적인 질병에서 기적적으로 건강해진 사람도 있다. 이런 상황들은 모두 개인들의 무의식이 현상화된 것이다. 누구나 언젠가는 몸을 버려야 할 테지만, 활동도 하고 즐거움도 누릴 수 있어야 함에도 절망적인 순간이 닥쳤을 때 갑자기, 정신 차릴 여유도 없이 몸을 떠나는 경우가 많다.

극단적인 경우가 아니라 하더라도 일상생활을 불행하게 보내거나 무의미하게 지내면서 본인보다 나아 보이는 사람들을 부러워하기도 한다. 또 어떤 이들은 부질없는 자만심으로 허황된 것을 쫓는다. 운명은 개성적 생각과 감정의 흐름이다. 이 흐름은 개인의 무의식적 생각이 좌우한다. 그러므로 현실에서 즐거움과 보람을 느끼려면 자기의 무의식이 정화되어야 한다.

현상의 여러 가지 차별상이 나타나는 것은 본인 자신과 이 세상에 대한 본인의 생각이 진리를 바탕으로 해서 일어나는 것이 아니기 때문이다. 건강과 돈 또는 사회적 지위 등이 행복을 불러오는 게 아니라는 것쯤은 많이들 알고 있지만, 정작 본인의 마음속에 있는 행복을 불러일으키는 방법을 찾지 않는다. 행복을 바라면서도 행복이 무엇인지 모르고, 삶의 의미가 무엇인지 모르고 사는 것이다.

일단 자기 생각의 경향성을 살펴보아야 한다. 현실을 느끼는 자기 생각이 왜 이런지 알아야 생각을 변화시킬 수 있다. 잠언적 서술인 이 책은 자기를 들여다보는 돋보기와 같다. 삶이 못마땅한 이유를 알게 한다. 잘 성찰하고 나면 참다운 행복을 찾아 나설 것이다. 진리를 생활화하는 방법은 진리를 표현한 문구를 느낌이 일도록 반복해서 익히는 것이다.

스피릿 컨설팅(주) 고문
참나코칭센터 마스터
신 병 천

## 프롤로그

이 책에 수록한 모든 '마술피리'는 내 영감의 원천이신 마스터께로부터 나왔다. 그리고 다른 사람들이 행복해지도록 돕는 일에 헌신하신 참나코칭센터 김한수 대표님과, 진정한 자아실현을 위해 노력하고 협력하는 '참나실현회' 회원들로부터 나왔다. 나는 이분들을 통해 진짜 내가 누군지를 알았고, 어떻게 하면 진정한 행복을 누리며 살 수 있는가를 배웠다.

내가 오래도록 해결되지 않는 문제들로 고민할 때, 마스터께서 말씀해 주셨다.

"수만 년 동안 칠흑같이 캄캄했던 동굴도 불을 밝히면 즉시 밝아진다. 오래된 문제라도 마음이 밝아지면 즉시 해결된다."

정말 그랬다. '이건 정말 바꾸기 힘든 현실'이라는 내 생각을 바꾸었더니 당장 내 현실이 바뀌었다. 일 년 내내 감기에 걸리던 사람이 감기약이나 병원을 찾지 않게 되었다. 하루에 한 갑 이상 피던 담배를 단번에 끊었고, 낯선 사람을 대할 때 긴장하지 않게 되었다. 씀씀이가 줄어들어 경제생활이 바로잡혔고, 수억 원의 부채도 갚을 수 있게 되었다. 인생을 바꾸는 데 그렇게 많은 시간이 필요하지 않다. 정작 필요한 것은 시간이 아니라 분명한 인식과 느낌, 철저한 깨달음과 결단이다.

대학 신입생 시절, MT를 함께 갔던 간호학과 여학생에게 질문을 했다.

"너 정도 성적이면 의대를 가도 되는데, 왜 간호학과에 지망했니?"

"초등학생 때 나이팅게일 전기를 읽다가 감동해서 엉엉 울고 간호사가 되기로 결심했어."

그녀가 인생을 건 결단을 내리게 한 것은 위대한 삶에 대한 인식과 감동적인 깨달음이었다. 이처럼 생각을 전환하여 삶의 목표가 분명해지는 데 걸린 시간은 겨우 하루 저녁에 불과했다.

삶을 다양한 요소들이 뒤얽힌 복잡한 현상으로 생각할 수도 있지만, 이 모든 현상을 관통하는 원리는 지극히 단순하다. 내가 경험하는 것은 모두 내 생각이기 때문이다. 그러므로 현실을 바꾸고 싶다면 바람직한 생각에 집중하고, 반복을 통해 그 생각을 강화하면 된다.

올림픽 펜싱경기에서 14대 10으로 지고 있다가 "할 수 있다."를 반복하여 15대 14로 대역전승을 거두어 금메달을 딴 선수도 있고, 15년 동안 폐소공포증(閉所恐怖症)과 공황장애를 겪다가 "나는 영원하고 싱싱한 생명이다."를 하루 종일 반복해서 한 달 안에 완치된 아주머니도 있다. 이런 사례는 여러 권의 책으로도 다 담지 못할 만큼 많다. 그러나 다시 말하지만, 이렇게 기적적인 결과를 이끌어 낸 마음의 원리는 아주 간단하다. 그것은 습관적으로 일어나는 부정적인 생각을, 내가 정말 바라는 바람직한 생각으로 전환하는 것이다.

그런데 우리는 정작 삶의 현장에서 우리가 정말 바라는 것이 무엇인지를 잊고 지내는 경우가 많다. 그래서 일상에서 늘 만나게 되는 불편한 상황과 그때마다 일어나는 부정적인 생각들을 어떤 생각으로 바꾸면 좋은지를 알려주려고 이 책을 엮었다.

이 책은 1년 동안 매일 한 편씩 읽을 수 있도록, 날짜별 365편으로 구성했다. 그러나 첫 페이지부터 순서대로 읽거나, 꼭 날짜에 맞추어서 읽지 않아도 좋다. 그냥 아무 데나 펼쳐서 몇 페이지를 읽다가 덮어도 좋다. 그러나 속독은 권하지 않는다. 한 페이지라도 차를 음미하듯이 천천히, 의미를 생각하며 읽을 때 더 많은 좋은 것들을 얻을 수 있을 것이다.

여기에 실린 짧은 글들이 캄캄한 동굴을 밝히는 불꽃처럼 독자들의 마음을 밝히고 생각을 전환하는 길잡이가 되기를 바란다. 이 책이 독자 한 분 한 분께 진짜 '행복을 부르는 마술피리'의 역할을 하게 된다면 더 바랄 것이 없겠다.

스피릿 컨설팅㈜ 대표
김 필 수

# PART 01 · 샘솟는 기쁨

나의 욕심이 죽고
미움과 분노가 죽어야
기쁨과 사랑의
새해가 온다

1월

# 새해가 온다는 것은

새해가 오는 것은
새 하늘과 새 땅이 열리는 것이다.

이전 것이 사라지고
새로운 세계가 열릴 때

온 세상은
환희와 행복으로 가득하다.

나의 이기적인 자아가
진리와 사랑의 불꽃에
다 타버리기 때문이다.

나의 욕심이 죽고
미움과 분노가 죽어야
기쁨과 사랑의 새해가 온다.

# 지나친 욕심

우리는 원래 행복 자체다.

그런데
불행에까지 관심을 갖는 건
지나친 욕심이다.

# 꾸준한 명상의 효과

명상은
좋은 생각에 몰입하는 것이다.

집중이 잘 안 되더라도
포기하지 말고

언제까지 해야 하나
한숨 쉬지 말고

될 때까지 거듭거듭
다시 하면 된다.

강물이 멈추지 않으면
마침내 바다에 이르듯

명상을 멈추지 않으면
마침내 행복에 이른다.

# 사랑한다고 하면서

상대방을 사랑한다고 하면서
자기주장을 강요하는 것은

그 사람을 사랑하는 것이 아니라
자기 생각을 사랑하는 것이다.

# 생각에 맞는 행동

상황에 맞추어 생각하면
늘 상황에 쫓기게 된다.

생각에 맞는 행동을 해야
상황을 지배하게 된다.

생각을 분명히 하는 것이
상황을 결정하는 힘이다.

# 내가 선택해야 한다

꿈 대신 현실을 선택하기 쉽고
믿음 대신 걱정을 선택하기 쉽다.

높은 가치보다
작은 욕심에 매이기 쉽고

마음의 평화보다
감각적 쾌락에 끌리기 쉽다.

내가 선택하지 않으면
습관이 선택한다.

어리석은 습관에
선택을 맡기지 말고

내가 원하는 삶을
내가 선택해야 한다.

# 마음을 여는 것

딱딱한 생각은
마음을 열 수 없다.

따뜻한 사랑이
마음을 연다.

# 아침에 하는 생각

아침에 일어나서
제일 먼저 하는 생각이
하루를 결정한다.

아침에 눈을 뜨자마자
진심으로 감사하는 사람에게는
하루 종일 감사할 일들만 생긴다.

# 흰 눈이 세상을 바꾸어 놓듯이

한 송이 한 송이
내리는 흰 눈이

온 세상을
하얗게 바꾸어 놓듯이

한 순간 한 순간
돌이킨 생각이

온 마음을
새롭게 바꾸어 놓는다.

# 최고의 성과

기대할 것도
기대에 부응할 것도 없다.

벌어질 일은
결국 벌어지고

일어나지 않을 일은
결코 일어나지 않는다.

자기 일을 즐긴 것이
최고의 성과다.

눈에 보이는 성과는
그 즐거움을 따라온다.

# 질병의 징후

심각한 질병의 징후도
아주 간단한 증상으로
알아차릴 수 있다.

정말 고맙던 것이
당연하게 느껴지면
나는 큰 병에 걸린 것이다.

# 두려움은 착각이다

뱀인 줄 알고
겁을 먹었다가도

밧줄인 걸 알면
두려움이 사라진다.

우리가 무엇을
두려워하는 이유는

그것을 무서운 것으로
잘못 보기 때문이다.

# 나만 바뀌면 된다

상대방의 잘못을 보는 것은
나의 잘못이다.

상대방을 바꾸려 하는 것도
나의 잘못이다.

상대방의 완전성을 보면
내 잘못이 고쳐진다.

상대방을 이해하고 존중하면
그가 나를 따른다.

내가 바뀌면 상대방도 바뀌고
모든 잘못이 바로잡힌다.

# 개인적 취향과 목표

큰 목표와 상관없는
사소한 개인적 취향은
목표의 성취를 방해한다.

개인적 취향을 버리고
자기 취향을
큰 목표에 맞춰야 한다.

목표에 방해되는 취향을
버리지 않으면
목표를 버리게 된다.

# 부자와 학자는 나중에

어느 성자가 말씀하시길
천국으로 가는 길에
'부자와 학자는 나중에'라고 했다.

부자는 재산에 집착하고
학자는 지식을 고집하기 때문에
진리를 깨닫기 어렵다는 것이다.

진리는
조건 없는 사랑과
한없는 기쁨이다.

사랑하게 못 하는 재산이
무슨 소용이며,
기쁘게 못 하는 지식이
무슨 소용인가?

재산이 없고
지식이 없어도,
진리를 따르는 사람은

어떤 부자보다 풍요롭고
어떤 학자보다 지혜롭다.

# 사랑은 자유를 주는 것이다

자녀를 양육하는 목적은
부모를 떠나게 하는 것이다.

타인을 돕는 목적은
도움을 벗어나게 하는 것이다.

진정으로 남을 돕는 것은
자유롭게 해주는 것이다.

진리는 조건 없는 사랑이고
완전한 자유다.

그래서 참된 사랑은
모두에게 자유를 준다.

# 보려고 해야 보인다

정말 중요한 것은
잘 드러나지 않는다.

눈을 떴다고
보이는 것이 아니고

귀가 뚫렸다고
들리는 것이 아니다.

보려고 해야 보이고
들으려 해야 들린다.

드러나지 않은 것을
보고 듣게 만드는 것은

간절히 사랑하는 마음,
진실하고 집중된 마음이다.

# 그럴 때가 있다

그럴 때가 있다.

넘어질 때가 있고
일어설 때가 있다.

오만할 때가 있고
겸손할 때가 있다.

비겁할 때가 있고
용감할 때가 있다.

조급할 때가 있고
여유로울 때가 있다.

비참할 때가 있고
감격할 때가 있다.

누구나 그럴 때가 있다.

중요한 것은
이 모든 순간에

자신에 대한 믿음을
잃지 않는 것이다.

# 정상은 반환점이다

정상에 오른 것은
겨우 절반을 온 것이다.

내려가는 길은
정상부터 시작이다.

처음 그 자리로 내려가야
등반을 완성한 것이다.

# 시야의 범위

전략가는
10년을 보고

교육가는
100년을 보고

역사가는
1,000년을 보고

천문학자는
수억 년을 본다.

그리고 신은
영원을 본다.

그러나 바보는
눈앞에 있는 것도
제대로 보지 못한다.

# 기다리는 것이 즐거운 이유

버스를 기다리는 것이
즐거울 수 있는 이유는

사랑하는 사람을
만나러 가는 길이기 때문이다.

기다리는 것이 힘들게 느껴진다면
스스로 질문해야 한다.

나는 누구를 만나려고
이 버스를 기다리고 있는가?

# 타인을 칭찬할수록

다른 사람에게 하는 말도
모두 자신에게 하는 말이다.

타인을 비판하면
상대방도 기분이 상하겠지만

부정적인 감정은
나 자신부터 해치게 된다.

타인을 인정해야
내 마음이 풍요로워진다.

타인을 칭찬할수록
내가 더 탁월해지는 것이다.

# 구부러진 그림자를 펴려면

구부러진 그림자를 곧게 하겠다고
그림자를 펼 수는 없다.

구부러진 그림자를 펴려면
그림자의 실체를 바르게 해야 한다.

눈에 보이는 일의 결과는
보이지 않는 마음의 결과다.

눈에 보이는 결과를 고치려 들지 말고
보이지 않는 마음을 바로잡아야 한다.

# 실패에 편안해지기

천하의 호랑이도
사냥의 성공률은 10%가 안 된다.

그러나 몇 번 실패했다고
사냥을 포기하는 호랑이는 없다.

끝까지 도전할 각오가 된 사람은
편안하게 실패하여 성공을 쟁취한다.

# 신에게 맡겨라

내가 할 수 있는 일은
내가 하고

나머지는 신에게 맡긴다.

내가 모든 것을
다 하려고 하면

신이 나를 도와줄 수가 없다.

# 수용하는 만큼

나와 다른 생각을
경험하는 것이 삶이다.

다른 생각을 수용하는 만큼
내가 성장하고

모든 생각을 다 수용할 때
내가 완성된다.

# 진짜 나는 누구인가?

나는 영원하고 싱싱한 생명이다.
나는 언제나 기쁘고 평화롭다.

나는 모든 이들과
조화롭게 살아가며 즐거워한다.

나는 한없는 사랑이다.
나는 감사함 자체다.

# 복은 누가 주는가?

복 많이 받으라고들 하는데
그 복은 누가 주는가?

자기가 줄 것도 아니면서
복을 받으라고 하면

너무 무책임한 인사가
아니겠는가?

원래 모든 복은
우리 마음에 있다.

마음에 있는 복을
꺼내어 누리는 것이니

복은 받는 것이 아니라
마음으로 짓는 것이다.

복을 지어 나누는 마음이
복 받는 마음이다.

# 질투를 벗어나려면

질투는 다른 사람을 깎아내리려 하지만
실제로는 자기 능력을 갉아먹는다.

질투는 다른 사람을 비난하고 공격하지만
결국에는 자신을 고통스럽게 만든다.

질투에서 벗어나려면
훨씬 더 큰마음을 써야 한다.

질투를 자존감으로 바꾸려면
질투의 대상을 사랑해야 한다.

# 의식수준의 차이

지혜로운 사람은 바로 깨닫고
평범한 사람은 지난 뒤에 깨닫고
어리석은 사람은 지나갔는지도 모른다.

지혜로운 사람은 바로 행하고
평범한 사람은 뒤로 미루고
어리석은 사람은 잊어버린다.

# 잘하려고 애쓰지 마라

세계랭킹 1위가
올림픽 금메달을 놓치는 것은
더 잘하려고 애쓰기 때문이다.

애쓰는 만큼 힘이 더 들고
목표는 그만큼 더 멀어진다.

잘하려고 애쓰지 마라.
정말 나에게 힘을 주는 것은
집착하지 않는 편안한 마음이다.

참된 기도는
미리 하는 감사다

없는 것을 달라고
조르는 것이 아니라

이미 받은 것을 믿고
감사하는 것이다

2월

# 일이 시작되려면

달력에 일정을 쓰는 것은
아직 일을 시작한 것이 아니다.

그 일이 마음을 떠나지 않고
나를 움직여야
비로소 일이 시작된 것이다.

# 최고의 승리

모든 경쟁자들과
싸워서 이기는 것보다

자기 욕망을 이기는 것이
더 큰 승리고

욕망을 사라지게 하는 것이
최고의 승리다.

# 돌려 앉히면 된다

그건 미움이 아니라
돌아앉은 사랑이다.

그건 고통이 아니라
돌아앉은 기쁨이다.

그건 불행이 아니라
돌아앉은 행복이다.

그건 피하거나
달아날 것이 아니라

따뜻한 손길로
돌려 앉혀야 하는 것이다.

# 말은 열매가 된다

말은 발설과 동시에
물질에까지 영향을 미친다.

말이 씨가 되는 게 아니라
바로 열매가 되는 것이다.

좋은 말이든 나쁜 말이든,
말은 당장 열매를 맺는다.

# 미리 하는 감사

참된 기도는
미리 하는 감사다.

없는 것을 달라고
조르는 것이 아니라

이미 받은 것을 믿고
감사하는 것이다.

# 행복의 눈으로 바라보라

힘들었던 지난 시절이
그리운 추억이 되었다면

힘겨운 지금 이 시간도
행복한 경험이 될 수 있다.

불행의 이유를 찾지 말고
행복의 눈으로 바라보라.

# 칭찬은 내 것이 아니다

행복은 나의 것이고
칭찬은 그의 것이다.

그의 것을 쳐다보면
나의 것을 보지 못한다.

그의 칭찬을 바라느라
나의 행복을 못 보는 것이다.

행복한 삶을 원하면
칭찬받기를 포기해야 한다.

# 정말 보아야 하는 것

겉모습을 보지 말고
내면의 탁월성을 보아야 한다.

선물을 보지 말고
준비한 정성을 보아야 한다.

행동을 보지 말고
좋은 의도를 보아야 한다.

정말 보아야 하는 것은
보이지 않는 것이다.

# 집착과 몰입의 차이

집착과 몰입은 모두
한 생각에 몰두하지만

집착은 고통이고
몰입은 즐거움이다.

# 진정한 용서

'용서하고 잊어버리기'는 어렵다.
잊어버릴 게 남아있다면
진짜 용서한 게 아니기 때문이다.

진정한 용서는
지난 일에서 긍정적 의미를 발견하고
과거로부터 자유로워지는 것이다.

용서는 그를 위한 것이 아니라
나를 위한 것이다.

그를 용서해야
내가 새로운 삶을 살 수 있다.

# 과감하게 뛰어들어야 한다

머뭇거리지 말고
과감하게 뛰어들어야 한다.

발만 담근 채
수영을 배울 수는 없다.

잘못된 선택보다 잘못하는 것은
망설이기만 하는 것이다.

잘못된 선택은 지혜를 얻지만
미루는 마음은 세월을 낭비한다.

# 힐링이란

힐링이란 마음의 여유를 갖고
생각을 크게 전환하는 것이다.

고통과 질병을 향한 시선을 돌려
자신의 싱싱한 생명을 바라보고

나약하고 소심해진 마음을
활기찬 마음으로 바꾸는 것이다.

# 진짜 승리

이긴다는 건
잠깐 동안 앞서는 것이 아니라
끝까지 남는 것이다.

진짜 승리는
남들보다 앞선 성공이 아니라
영원한 행복을 성취하는 것이다.

# 사랑의 권한

사랑받고 싶은 갈증은
스스로 충족시킬 수 없다.

사랑의 권한이
상대방에게 있기 때문이다.

그 욕구가 채워지지 않으면
미움과 질투가 일어난다.

조건 없이 베푸는 사랑은
언제나 충만하게 느낄 수 있다.

사랑의 권한이
나에게 있기 때문이다.

대가를 요구하지 않는 사랑에는
결핍이나 부족함이 없다.

# 가난한 이유

가난하게 사는 이유는
다른 사람이 뭘 원하는지
모르기 때문이다.

다른 사람이 원하는 것을 알고
그것을 제공하는 사람이
가난해지는 건 불가능하다.

# 오른손과 왼손

오른손이 하는 일을
왼손이 모를 리 없다.

오른손이 하는 일을
왼손이 모르게 하라는 것은

자신이 베푼 친절을
기억하지 말라는 것이다.

베푼 일을 기억하는 사람은
인정받지 못하면 화가 나지만

베푼다는 생각 없이 베푸는 사람은
감사의 기쁨과 즐거움을 누린다.

# 단호한 결심과 도전

단호하게 결심하고
과감하게 도전하라.

나약한 마음은
진짜 내가 아니다.

내가 알든 모르든
내게는 무한능력이 있다.

그 능력은 믿음을 갖고
도전할 때만 발휘된다.

분명한 목표에
지금 당장 도전하고

분명한 믿음으로
지금 당장 성취하라.

# 외모관리와 휴식

아무리 뛰어난 성형외과도
밝은 표정을 만들어 줄 수는 없다.

첨단과학으로 만든 침대도
불면증을 해결해 줄 수는 없다.

최고의 외모관리는
미소를 짓는 것이고

최고의 휴식은
집착을 놓는 것이다.

# 깊이 있는 즐거움

감각적인 즐거움은
순간적으로 사라진다.

그러나 깊은 감동은
오래도록 지속된다.

지속적인 행복은
깊이 있는 즐거움이다.

감각적인 즐거움에
들뜨지 말고

깊은 마음으로
행복을 누려야 한다.

# 우리에게 필요한 것

우리에게 필요한 것은
우리 마음에
이미 다 갖추어져 있다.

정말 우리에게 필요한 것은
무엇이 필요하다는 생각을
버리는 것이다.

# 사랑받으려고
# 애쓰지 마라

사랑받기 위해
노력할 것 없다.

광고 한 번 안 해도
벌, 나비는 꽃을 찾고

손짓 한 번 안 해도
물은 아래로 흐른다.

진실한 나의 모습이
한없는 사랑이기 때문에

나는 다만 최선을 다해
나 자신이기만 하면 된다.

# 실행의 원동력

최고의 실행력은
즉시 행동하는 것이다.

즉각적인 행동은
사랑과 열망에서 나오고

정말 좋아하는 것은
미루게 되지 않는다.

실행의 원동력은
그 일을 좋아하는 것이다.

# 예측하지 마라

예측하지 마라.

미리 생각하는 결과는
모두 환상에 불과하다.

염려할 것도 없고
기대할 것도 없다.

모든 예측은
잡념으로 작용할 뿐이다.

오직 마음에 새긴
목표의 성취에만 전념하여

성취된 목표가 스스로
현실에 드러나게 하라.

# 질문의 크기

제일 싼 쇼핑몰이 어디지?
저 사람은 왜 나만 미워할까?

이 문제를 어떻게 해결할 수 있을까?
10년 뒤에 나는 어떤 모습일까?

나는 무엇을 위해 사는가?
진짜 나는 무엇인가?

내 삶의 크기는
내가 던지는 질문의 크기다.

# 선택할 수 있다

저절로 일어나는 생각을
멈출 수는 없지만

내가 바라는 생각을
선택할 수는 있다.

무엇이든 가능하다고 생각하고
스스로 대답해 보라.

지금 당신이
정말 바라는 것은 무엇인가?

그것을 선택하라.

# 내려놓으면

잘하려는 마음을
내려놓으면

편안한 마음에
즐거움이 샘솟고

비판하는 마음을
내려놓으면

너그러운 마음에
사랑이 샘솟는다.

불필요한 생각들을
내려놓으면

본래 있는 행복이
저절로 드러난다.

# 그 방향으로
# 일어서야 한다

진정한 반성은
뒤를 돌아보는 것이 아니라
앞을 내다보는 것이다.

땅에 넘어진 사람은
넘어진 곳을 딛고 일어서야 하고

원하는 곳으로 가려면 항상
그 방향을 바라보아야 한다.

넘어지고 또 넘어져도
방향을 잃어버리지 않으면
마침내 그곳에 도달하게 된다.

# 사랑의 환상

내가 보는 모든 것은
내 마음이 만들어낸 이미지다.

내가 사랑하는 것도
'진짜 그'가 아니라

내 마음으로 만들어낸
'그의 이미지'다.

진정한 사랑은
가짜 이미지에 속지 않는

조건 없이 진실한
관심과 배려다.

# 고난의 의미

사람이 고난을 겪는 것은
자신이 성취한 것에 대해
오만해지지 않기 위해서다.

그리하여
고난에 흔들리지 않는
평화를 이루기 위해서다.

# PART 02 · 한없는 사랑

사랑은 빛이요
미움은 어둠이다

빛은 어둠을 모르고
사랑은 미움을 모른다

3월

# 만세를 불러야 한다

3월은 만세로 시작한다.

희망의 빛이 먹구름에 가려
캄캄하게 어둡기만 했던 때,

우리는 죽음을 두려워 않고
목이 터져라 만세를 불렀다.

그 만세소리는 세계를 놀라게 했고,
해방의 기적을 불러왔다.

오늘도 우리는
만세를 불러야 한다.

사랑과 기쁨의 빛이 가려져
어두워진 마음을 박차고 나가

내 영혼의 자유와 해방을 위해
만세를 불러야 한다.

# 새로운 시작이란

처음부터
거창하게 하려고 들면
아무것도 시작하지 못한다.

새로운 시작이란
늘 해오던 일을
더 신나게 하는 것이다.

언제까지냐고
어디까지냐고
묻지 않는다.

말없이
콧노래를 부르며
즐거이 간다.

# 봄을 맞으려면

봄을 맞으려면
봄비를 맞아야 하고

가을을 맞으려면
갈바람을 맞아야 한다.

# 이별은 생각하지 않는다

만날 때 이별을 생각하지 않고
헤어질 때 이별을 슬퍼하지 않는다.

만날 때는 만남을 즐거워하고
헤어질 땐 기쁘게 배웅을 한다.

만남과 헤어짐은
마음에서 일어나는 일이다.

눈에 보이기에는
만남과 이별이 있는 듯해도

내가 늘 생각하고 생각하는 것은
내 마음에서 사라지지 않는다.

우리는 모두
영원한 영적 존재다.

이별은 원래 없고,
한없는 사랑과 기쁨만 있다.

# 관점의 변화

진정한 변화는
관점이 바뀌는 것이고

가장 훌륭한 관점은
사랑과 포용의 관점이다.

모든 존재를 너그러운 마음과
따뜻한 사랑의 눈으로 보면

모든 장면이 아름답고
모든 행동이 사랑스럽다.

# 꿈은 불러내는 것이다

진짜 꿈은 앉으나 서나 생각나고
생각날 때마다 가슴 뛰는 것이다.

그 꿈은 이미 완성된 모습으로
내가 불러내기를 기다리고 있다.

꿈을 정말 이루고 싶다면
미래에 대해 고민할 것이 아니라

내 마음의 문을 두드리고
내 꿈의 이름을 불러주어야 한다.

# 다른 데로 옮길까?

돼지는 아무리 깨끗한 우리도
금방 더럽게 만든다.

연꽃은 아무리 더러운 물에서도
깨끗한 꽃을 피운다.

지금 이곳에서 불평하는 사람은
다른 곳으로 옮겨도 마찬가지다.

자기 생각이 바뀌지 않으면
어떤 천국도 그에겐 지옥이다.

# 나를 돕는 법

나를 돕는 유일한 방법은
남을 돕는 것이다.

내 외로움을 덜고 싶으면
남의 외로움을 덜어주면 되고

내 돈을 많이 벌고 싶으면
남의 돈을 많이 벌어주면 된다.

나와 남이 분리되어 보여도
모두 한 마음에 나타난 것이니

내가 주는 것이 받는 것이고
내가 받는 것이 주는 것이다.

# 가장 깊은 곳으로

더 낮은 곳으로만
흘러가는 강물처럼

내 마음도 더 낮은 곳을
향해야 한다.

그리하여 마침내
가장 깊은 곳에 이르면

해일에도 흔들리지 않는
평화로운 기쁨이 된다.

# 이기려고 달려들면

이기려고 달려들면
점점 더 힘들어지고

즐기려고 뛰어들면
점점 더 신바람 난다.

즐기는 자가
이기는 자다.

# 다른 사람을 믿는다는 것

다른 사람을 믿는다는 것은
내 생각을 젖혀 놓고
그를 인정하는 것이다.

그가 잘하는 것도,
잘못하는 것도
다 받아들이는 것이다.

그때 비로소
알게 된다.

오늘의 내가 있기까지
얼마나 많은 분들이

나의 결점과 잘못을
그냥 받아 주었는지를.

그리고 문득 발견하게 된다.
지금까지 나를 길러온 것은
그분들의 믿음과 사랑이었음을.

# 텅 빈 하늘이 되어야 한다

하늘을 우러러
한 점 부끄럼이 없으려면
텅 빈 하늘이 되어야 한다.

더 많이 가지려
애쓰지 않는
텅 빈 하늘이 되어야 한다.

좋은 것, 싫은 것
구별하지 않는
텅 빈 하늘이 되어야 한다.

다이아몬드도 고열에 녹지만
텅 빈 하늘은
무엇으로도 녹일 수 없다.

텅 빈 하늘이 되는 것이
가장 강해지는 것이다.

# 성숙한다는 것

성숙한다는 것은
나이가 많아지는 것이 아니라
감사할 것이 많아지는 것이다.

감사할 것이 많아지면,
더 풍요롭고 행복해진다.

그래서 성숙한다는 것은
더욱 행복해지는 것이다.

# 사랑과 미움

사랑은 빛이고
미움은 어둠이다.

빛은 어둠을 모르고
사랑은 미움을 모른다.

# 깊은 바다와 높은 하늘

파도 일지 않는 바다가
어디 있으며,

구름 끼지 않는 하늘이
어디 있는가?

그러나
깊은 바다에는 파도가 없고
높은 하늘에는 구름이 없다.

깊은 마음으로
상대방을 이해하고

높은 경지에서
문제를 내려다보면

갈등도 문제도 사라지고
사랑과 기쁨만 가득하다.

# 비난하지 말고 꽃을 피우자

사건과 사고 뉴스에
흥분하거나 분노하지 말자.

정서가 승화되지 않은 마음은
아무것도 변화시키지 못한다.

자기 감정 하나 바꾸지 못하면서
무엇을 바꿀 수 있겠는가?

다만 진짜 내가
누구인지를 알자.

나의 진짜 성품인
생명과 사랑의 씨를 뿌리자.

흙탕물을 비난하지 말고
흙탕물에 꽃을 피우자.

# 완전한 세상

눈에 보이는 세상이
결코 완전할 수는 없다.

그러나 사랑에 빠지고 보면
온 세상이 완전히 아름답다.

완전한 세상은
사랑하는 사람들의 세상이고

시간과 공간이 모두
사랑으로 빚어진 세상이다.

완전한 사랑을 느끼는 사람만
완전한 세상에 살 수 있다.

# 커 보였던 이유

조그만 교실이
그렇게 커 보였던 건

우리 키가
작았기 때문이다.

마음이 자라고
시야가 넓어지면

커 보이던 문제가
아무것도 아니다.

# 저항하지 마라

불편한 마음에
저항하지 마라.

저항은 불편한 상황을
더 악화시킬 뿐이다.

나를 괴롭히는 생각을
자세히 관찰해 보라.

무엇이 어때야 한다는
그 생각이 괴로움이다.

한 발자국 물러서서
편안하게 바라보면

모든 것이 동영상처럼
자연스럽게 흘러간다.

# 일에 대한 보상

자신이 한 일에 대한 보상은
자신이 느끼는 감정이다.

즐겁게 일한 사람은
즐거움이 보상이고

불만스럽게 일한 사람은
불쾌감이 보상이다.

즐겁게 일한 사람에게는
성공과 인정이 따라오고

불만스럽게 일한 사람에게는
피곤과 질병이 따라온다.

# 내가 사랑할 것

변하지 않는 것을
사랑해야 한다.

변하는 모든 것은
언젠가 떠난다.

내가 정말
사랑해야 할 것은

절대로 나를 떠나지 않는
내 안의 진짜 나,

완전하고 진실한
자신의 모습이다.

# 참된 지식과 믿음

잊혀질 수 없어야
아는 것이고

의심할 수 없어야
믿는 것이다.

앎의 증거는
일치된 대답이고

믿음의 증거는
일관된 행동이다.

참된 지식과
믿음으로 사는 이는

분명하게 대답하고
꾸준하게 실천한다.

# 변하지 않는 사랑

이기적인 사랑은 한순간에
미움과 증오로 변할 수 있고

대중적인 인기는 한순간에
멸시와 조롱으로 변할 수 있다.

그러나 아무것도 바라지 않는
진실한 사랑은 변하지 않는다.

조건 없는 사랑이 우리의
영원한 본성이기 때문이다.

# 지금 그것이 문제인가?

5년 전에 고민하던 문제를 기억하는가?
그것이 지금도 문제가 되는가?

지금 당신의 문제는 무엇인가?
그것이 5년 뒤에도 문제겠는가?

심각성의 차이는 있어도,
지나간 문제들은 잊혀지고 사라진다.

지금 고민하는 문제가 해결된
5년 뒤의 모습을 상상해 보라.

5년 뒤에 문제가 아닌 것은
지금도 문제가 아니다.

# 마음의 신호등

부정적인 감정은 빨간 신호등이다.
그대로 직진하면 십중팔구 사고다.

빨간불이 켜지면 멈춰야 한다.

하려던 말과 행동을 바로 멈추고
좋은 생각을 불러내면 신호등이 바뀐다.

긍정적인 감정의 파란불이 켜지면
씨익 한 번 웃고 나서 신나게 달린다.

# 새로 산 구두

새로 산 구두는
언제나 아프다.

그렇다고 언제까지
헌 구두만 신겠는가?

# 자유란 무엇인가

자유는 자각이다.

독방에 가두어도
구속되지 않는

무한한 마음을
자각하는 것이다.

자유는 사랑이다.

책임이나 의무에
끌려가는 것이 아니라

완전한 사랑에
헌신하는 것이다.

# 진리는 사랑이다

현실을 바꾸지 못하면
진리가 아니고

행동을 바꾸지 못하면
사랑이 아니다.

진리는 사랑이고,
사랑은 모든 것을 바꾼다.

# 내 마음의 거울

비판적인 사람이
다른 사람을 비판적이라고 하고

친절한 사람이
다른 사람을 친절하다고 한다.

내 마음을 모르겠다고
고민할 것 없다.

내 앞에 있는 사람이
내 마음의 거울이다.

내 마음이 어리석으면
그가 어리석게 보이고

내 마음이 사랑을 느끼면
그가 사랑스럽게 보인다.

숨겨진 내 마음이
타인의 모습으로 비춰지는 것이다.

# 나는 100% 옳은가?

자녀가 당신의 말을 100% 따른다면
정말 성공하고 행복하겠는가?

부하직원이 당신의 말을 100% 따른다면
언제나 뛰어난 성과가 나오겠는가?

그렇지 않다면 당신의 의견을
100% 고집부릴 이유가 없지 않은가?

# 오직 한 마음으로

옛 애인을 생각하는 것은
지금 애인에게
충실하지 않은 것이다.

그런 마음으로는
깊은 사랑도 함께하는 행복도
경험할 수 없다.

지난 일을 생각하는 것은
지금 하는 일에
충실하지 않은 것이다.

그런 마음으로는
일의 즐거움도 성취의 기쁨도
느낄 수 없다.

과거에 집착하고
미래를 염려하는 것은
두 마음을 품는 것이다.

진정한 행복과 성취의 비결은
오직 한 마음으로
지금 이것만 생각하는 것이다.

슬픔으로 슬픔을 이길 수 없고
절망으로 절망을 넘을 수 없다

그에게 희망이 되려면
내가 옮기가 되어야 한다

4월

# 진실과 선택

진실이라 생각되면
꼭 붙들고

거짓이라 생각되면
그냥 버린다.

진실한 마음은
분명한 선택이다.

# 정말 잘되는 것

현실적으로 잘되기만 하는 것은
정말 잘되는 것이 아니다.

마냥 잘되기만 하는 사람에게는
자기를 돌아볼 기회가 없다.

정말 잘되는 것은
겸허하게 자기를 성찰하고

보다 나은 삶, 진정한 행복을
열망하게 되는 것이다.

# 사명감은 목표에만 집중한다

지나친 온정은
나약한 마음을 부추기고

지나친 원칙은
창조적 열정을 억누른다.

진정한 사명감은
온정주의와 원칙주의를 타파하고

활기찬 마음으로
목표에만 집중한다.

# 모르는 건 죄다

'몰라서 그랬다'는 건
변명이 되지 않는다.

모르는 것이
진짜 잘못이기 때문이다.

사랑하려면
상대방을 잘 알아야 하고

행복해지려면
그 방법을 알아야 한다.

많은 사람이
불행을 느끼는 것은

자신이 행복 자체라는 걸
모르기 때문이다.

# 나무는 자라고 있다

후손을 위해
나무를 심는 사람처럼

내가 따 먹을 열매를
생각하지 않고

진리와 사랑의
나무 한 그루를 심는다.

시간이 지나도 변화가 없다고
조바심 낼 것 없다.

밤새 내린 비에 훌쩍 자랐다고
깜짝 놀랄 것도 없다.

내가 알게 모르게,
나무는 늘 자라고 있다.

# 얼굴에 뭐가 묻으면

자기 얼굴에 뭐가 묻으면
바로 닦아내지만

자기 생각에 잘못이 있으면
즉시 개선하지 않는다.

보이는 겉모습은
중요하게 여기지만

안 보이는 속마음에는
관심을 두지 않는다.

그러나
밖으로 드러나는 것은
안으로 숨겨진 마음이다.

숨겨진 마음이 밝아야
나타나는 겉모습도 밝다.

# 정말 자유로워지는 것

나를 자유롭지 못하게 하는 것은
반복적으로 일어나는
불편한 생각들이다.

정말 자유로워지는 것은
원하지 않는 말과 행동을
더 이상 하지 않게 되는 것이다.

# 사랑을 하면서
# 게으를 순 없다

사랑을 하면서
게으를 순 없다.

사랑은 실천하지 않을 수 없는
강력한 힘이기 때문이다.

행복한 사람이
걱정할 순 없다.

행복은 근심이 끼어들 수 없는
충만한 마음이기 때문이다.

진짜 사랑은
사랑을 실천하게 하고

진짜 행복은
행복을 퍼뜨리게 한다.

# 먼저 좋은 걸 하라

먼저 미소 짓고
먼저 인사하라.

먼저 노래하고
먼저 춤추라.

먼저 칭찬하고
먼저 감사하라.

비판과 조언은
나중에 해도 된다.

먼저 좋은 걸 하라.

# 죄에서 벗어나는 길

자신이 가야 할 길에서
벗어나는 것이 죄다.

우리가 가야 할 길은
행복의 길이고

진정한 행복은
영적 즐거움, 내면의 기쁨이다.

참된 행복을 모르고
고통스럽게 사는 것이 죄다.

행복의 길을 선택하는 것이
죄에서 벗어나는 길이다.

# 부러우면 지는 거다

부러우면 지는 거다.
부러워하는 마음은
결핍이기 때문이다.

고마우면 이기는 거다.
고마워하는 마음은
충만이기 때문이다.

감사가 늘 지속되면
이기고 지는 것이 없는
풍요로운 마음이 된다.

# 현실을 바꾸는 방법

현실을 바꾸기 힘든 이유는
그 방법이 너무 단순해서

생각이 복잡한 사람들은
실천하기 어렵기 때문이다.

현실을 바꾸는 방법은
바라는 현실만 생각하고
바라는 현실만 생각하고
바라는 현실만 생각하는 것이다.

# 위대한 사람을 만드는 것

초라한 생각이
초라한 사람을 만들고

위대한 생각이
위대한 사람을 만든다.

초라한 사람도
위대한 생각을 하면

머지않아
위대한 존재가 된다.

# 사랑과 사명

얕은 사랑은
어려움 앞에
쉽게 식어 버리지만

깊은 사랑은
역경에 맞서
더욱 뜨거워진다.

억지로 하는 마음은
조금만 힘들어도
쉽게 지쳐 버리지만

사명에 대한 열정은
고난을 만날수록
더욱 강렬해진다.

# 상대방은 바꿀 수 없다

상대방은 내가
바라는 대로 행동하지 않는다.

상대방은 내가
믿는 대로 행동한다.

상대방을 바꿀 수 없지만
내 믿음은 바꿀 수 있다.

내가 바라는 것을 믿고
믿음에 따라 행동하면

상대방의 행동도
내 믿음을 따라온다.

# 희망이 되려면

정말 슬플 땐 울음이 나고
절망했을 땐 위로도 싫다.

그러나 눈물만으로는
아무것도 바꿀 수 없다.

슬픔으로는 슬픔을 이길 수 없고
절망으로는 절망을 넘을 수 없다.

그에게 희망이 되려면
내가 용기가 되어야 한다.

허황된 미래가 아니라
든든한 오늘이 되어야 한다.

그가 최선을 다할 것을 믿으며
나도 최선을 다해야 한다.

그가 원하는 것을 내가 할 때
우리는 하나가 되는 것이다.

# 정상에 오르는 방법

산 정상에 오르려면 먼저
등산로를 정확하게 확인한다.

그리고 한 걸음 한 걸음
즐겁게 산을 오른다.

산을 오르다 문득
더 이상 오를 곳이 없을 때,
당신은 정상에 서 있는 것이다!

# 반성은 한 번만

반성은 한 번만 하는 것이다.
두 번 세 번 거듭하는 것은
미련과 후회다.

자신의 잘못을 곱씹어 생각하면
잘못된 행동이 마음에 새겨져
자꾸 반복될 뿐이다.

똑같은 잘못을 반복하지 않으려면
자신이 잘하는 모습을 그리고
잘하는 느낌을 불러일으키면 된다.

# 선한 자들의 사명

악한 자들이 성경을 인용한다고
성경이 악한 것이 아니듯

악한 자들이 부와 권력을 가졌다고
부나 권력 자체가 악한 것은 아니다.

선한 자들이 선한 방법으로
돈을 많이 벌어야 한다.

선한 자들이 선한 방법으로
권력을 획득해야 한다.

악한 자들이 득세하는 것처럼 보여도
진정 강한 것은 선이고,
결국에는 선이 이긴다.

선한 자들의 사명은
이것을 선한 방법으로 입증하는 것이다.

# 부와 풍요

부(富)는 밖에 쌓는 것이 아니라
안에 쌓이는 것이다.

밖으로 베푸는 마음이
안으로 부의식(富意識)을 쌓는다.

마음이 부유해져야
현실도 풍요로워진다.

# 진짜 능력을 발견하면

자기가 무능하다고 느끼면
절망과 분노가 일어나지만

자신의 능력을 발견하면
희망과 용기가 일어난다.

우리는 모두
무한능력의 존재다.

우리의 생각으로
모든 것을 창조한다.

자신의 무한한 능력을 믿고
목표에만 집중하는 사람은

절망과 분노를
희망과 용기로 바꾼다.

# 내 것만 알면 모른다

자기 나라만 아는 자는
자기 나라도 모르고

자기 문화만 아는 자는
자기 문화도 모른다.

외국에 나가 애국자가 되는 것은
자기 나라를 다시 발견한 것이고,

다른 문화를 포용하게 되는 것은
자기 문화를 다시 발견한 것이다.

내 것만 알아서는
아무것도 모른다.

다른 것을 알아야
내 것이 분명해진다.

# 일을 즐겁게 하는 법

타율이나 연봉은
야구가 아니다.

야구는 던지고 받고,
치고 달리는 것이다.

청중의 평가는
노래가 아니다.

노래는 신나게 부르며
함께 즐기는 것이다.

일의 본질에 집중할 때
참된 즐거움을 누릴 수 있다.

# 그래도 괜찮다

할 말을 다 못 해도 괜찮다.
진심은 말로 전달되는 것이 아니다.

오해를 받아도 괜찮다.
진실은 험담으로 오염되는 것이 아니다.

순수한 마음으로 행동하는 사람은
거리낌 없는 행복을 누린다.

# 즐겁지 않다면

즐거움은 생명이고
인간의 본성이다.

지금 즐겁지 않다면
당장 생각을 바꿔야 한다.

즐거움을 느끼며 사는 것이
자기 본성대로 사는 것이다.

# 분노와 자유

화가 나는 것은
무엇이 옳다는 나의 생각이
다른 생각과 충돌하기 때문이다.

그러므로 나의 생각을
내려놓으면 분노가 사라진다.

상대방이 옳다고 인정하면
내가 자유로워진 것이다.

# 단 한 번의 행동으로

한 번의 행동은
그것으로 끝나지 않는다.

첫 번째 행동은
가능성을 연다.

두 번째 행동은
방향을 결정한다.

세 번째 행동은
길을 만든다.

그리하여 백 번째
그것을 반복하면

노력하지 않아도
저절로 하게 된다.

# 육체는 마음의 그림자

육체는 마음의 그림자다.

마음에 일어나는 생각에 따라
몸이 반응하는 것이다.

짜증과 스트레스 같은 병적인 생각이
육체를 병들게 만들고

사랑과 감사를 느끼는 싱싱한 생명력이
신체를 건강하게 만든다.

# 급할 때 더 필요한 것

급할 때 더 필요한 것이
분명한 삶의 가치와 목표다.

삶의 가치가 분명한 사람은
원칙에서 벗어나지 않고

삶의 목표가 뚜렷한 사람은
위급한 상황에 흔들리지 않는다.

# 진리를 깨달은 자의 삶

진리를 깨달은 자의 삶은
지극히 단순하다.

다른 사람들에게 늘 친절하고
언제나 웃으며 즐겁게 일한다.

진리를 억지로 가르치지 않고,
묻는 자에게는 정성껏 대답한다.

큰 깨달음의 증거는
작은 실천이다.

가족이란 아무 조건 없이
상대방이 잘 되기를 바라는
사람들의 모임이다

피는 물보다 진하지만
진실한 사랑은 피보다 진하리라

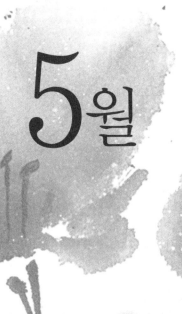

5월

# 직업의 귀천

직업의 귀천은 자기 일을
어떻게 평가하는가에 달려 있다.

자기 일을 고역으로 느끼는 사람은
가장 천한 일을 하는 것이고

자기 일을 즐거움으로 느끼는 사람은
가장 귀한 일을 하는 것이다.

# 상상을 현실로 만드는 법

상상은 짧은 현실이고
현실은 긴 상상이다.

상상을 현실로 만드는 방법은
상상을 길게 하는 것이다.

# 상대를 가리지 않는다

진실한 마음은
상대를 가리지 않는다.

사람을 외모로
판단하지 않고

상대방의 행동을
비판하지 않는다.

그의 내면에 있는
위대한 성품만 바라보면

모든 존재가
하나같이 존귀하고

함께 하는 모든 일이
조화롭게 펼쳐진다.

# 베푼다는 것은

타인에게 무엇을 베푼다는 것은
그 행위를 통해

자신의 인색한 마음을
넉넉한 마음으로 바꾸는 것이다.

그래서 더 많이 베푸는 자가
보다 풍요로운 삶을 누린다.

# 성자와 어린이

진리를 깨달은 성자(聖者)는
어린아이와 같다.

그때그때 상황에 따라
자연스럽게 반응할 뿐

지나간 일을 후회하거나
다가올 일을 염려하지 않는다.

성자와 어린아이의
가장 훌륭한 공통점은

아무 생각에도 매이지 않은
해맑은 웃음이다.

# 누군가 내게 해준 것처럼

이것도 참고
이겨낼 수 있습니다.

누군가 나를 참고
기다려준 것처럼.

이것도 용서하고
포용할 수 있습니다.

누군가 나를 용서하고
이해해준 것처럼.

이것도 사랑하고
감사할 수 있습니다.

누군가 나를 사랑하고
고마워한 것처럼.

내가 하는 것은 모두
누군가 내게 해준 것입니다.

내가 하는 것은 모두
나에게 하는 것입니다.

# 많은 사람보다 중요한 한 사람

길을 모르는 사람 백 명의 말보다
길을 아는 한 사람의 말을 들어야 한다.

실패한 사람 천 명의 말보다
성공한 한 사람의 말을 들어야 한다.

평범한 사람 만 명의 말보다
진리를 터득한 한 사람의 말을 들어야 한다.

모든 사람이 소중하지만,
따라야 할 것은 지혜를 갖춘 한 사람이다.

# 피보다 진한 것

가족이란 아무 조건 없이
상대방이 잘되기를 바라는
사람들의 모임이다.

진짜 가족은 혈연을 떠나
조건 없는 사랑으로 연결된
마음의 유대인 것이다.

피는 물보다 진하지만,
진실한 사랑은 피보다 진하다.

# 진정한 부유함

돈이 아무리 많아도
자신이 바라는 것을 못 하면
부유한 것이 아니다.

진정한 부유함은
자신이 하는 일에
장애가 없는 것이다.

돈이 없어도
자장면을 먹고 싶을 때
누가 사주면 되고,

돈이 없어도
서울에서 부산을 가려고 할 때
누가 태워주면 된다.

무엇을 하려고 생각한 것을
원활하게 해내는 것이
진정한 부유함이다.

# 오타투성이 편지

우리의 삶은
오타투성이다.

틀리지 않으려고
아무리 노력해도

오타가 완전히
사라지지는 않는다.

여기저기 오타가
나오는 글들을

사랑의 편지로
읽기 시작할 때

우리는 오타에서
자유로워진다.

# 이번 한 번만

미련을 못 버린 사람은
'이번 한 번만!'이라고 하고

분명히 결단한 사람은
'이번엔 안 돼!'라고 한다.

나쁜 습관을 버리기는 쉽다.
이번 한 번만 안 하면 된다.

# 비웃거나 비판하면

어리석은 사람을 비웃는 것은
자신을 비하하는 일이고

비판적인 사람을 비판하는 것은
불필요한 시비를 거는 일이다.

무엇을 비웃거나 비판하면
나도 같은 수준이 된다.

# 싹을 틔우려면

자기 안에 있는
희망의 싹을 틔우려면

거름냄새 나는 땅에
자기 마음을 묻고

온 힘을 다해
땅 위로 솟구쳐야 한다.

# 함께 선택하는 것이다

영업을 하겠다는 건
거절당하기로 결심하는 것이다.

의사가 되겠다는 건
질병을 매일 접하겠다는 것이다.

변호사가 되는 건
갈등과 분쟁에 뛰어드는 것이다.

무엇을 선택하는 것은
그 어려움도 함께 선택하는 것이다.

그것을 기꺼이
감사함으로 받아들일 때

거절은 성과가 되고
질병과 분쟁은 보람이 된다.

# 스승은 지혜의 빛이다

스승 없이는
바른길을 찾을 수 없다.

스승은
무지의 어둠을 밝혀주는
지혜의 빛이기 때문이다.

스승이 없는 사람은
자기 생각대로 산다.

지금까지 살아온 대로
앞으로도 똑같이 산다.

아직 스승이 없는 사람은
속히 스승을 찾아야 한다.

제자가 준비되면
스승이 나타난다.

# 말에 책임을 진다는 것

자기가 한 말에
책임을 지는 사람은

남의 비위를 맞추거나
자존심을 지키기 위해
무리한 약속을 하지 않는다.

자기가 한 말에
책임을 진다는 것은

결과에 집착하여
조바심을 내지 않고
용기 있게 행동하는 것이다.

# 거울을 옆에 놓고

거울이 옆에 있는 줄 모르고
스마트폰에서 거울 앱을 찾았다.

우리가 행복을 찾는 방식도
이와 비슷하지 않은가?

# 지금 내게 필요한 기적

슬픔과 분노는
마음을 왜곡시킨다.

지금 내게 필요한 기적은
침몰된 감정에서 나와

진실한 마음으로
내가 꿈꿔온 삶을 사는 것이다.

싱싱한 생명력으로
사랑을 실천하며 사는 것이다.

떠나간 이가 바라던 삶까지
함께 사는 것이다.

# 내가 누구인지 알면

내가 누구인지
분명히 알면

다른 사람이 누군지도
분명히 알게 된다.

우리는 모두
영적인 존재이며
영원한 행복이다.

진짜 내가 누구인지
분명히 알게 되면

더 이상 밖에서
행복을 구하지 않는다.

# 천국은 이미 와 있다

애써 기도하지 않아도
천국은 이미 와 있다.

신이 침묵하는 것은
이미 다 주었기 때문이다.

온 마음을 다해
진리를 구하고

온 정성을 다해
이웃을 사랑하는 사람은

지금 이곳에 이미 와 있는
천국의 행복을 누린다.

# 사랑의 지속성

사랑이 식어버리면
영화 같은 웨딩사진도
흉물이 되어버린다.

사랑의 열정보다 중요한 것이
사랑의 지속성이다.

오랜 시간이 지나도
변함없는 사랑을 하려면

내 안에 있는
진실한 사랑을 발견해야 한다.

나의 본성은
변덕스런 마음이 아니라
한없는 사랑이다.

그 사랑을 믿고
조건 없는 사랑을 실천할 때
나는 사랑 자체가 된다.

# 마음을 헤아리는 능력

평범한 사람은
상대방의 말을 들으며
자기가 할 말을 생각한다.

경청하는 사람은
상대방의 말을 들으며
그의 마음을 헤아린다.

진정한 소통은
말의 내용이나
논리가 아니라

숨겨진 마음을
헤아리는 능력과
진정성에 달려 있다.

# 더 큰 자유

사람들은 자유를 원하면서도
자기 생각을 포기하지 않는다.

자기를 구속하는 것은
자기 생각뿐인데도 말이다.

자유로운 삶을 원한다면
자기 생각을 내려놓아야 한다.

자기 생각을 내려놓는다는 것은
다른 생각을 인정하는 것이다.

다른 생각을 인정하는 만큼
나는 더 큰 자유를 누린다.

# 목적을 상실하지 않으려면

돈을 버는 목적은
행복해지기 위해서다.

돈을 버느라 불행하다면
목적을 상실한 것이다.

권력을 얻으려는 목적은
행복해지기 위해서다.

권력투쟁으로 불행하다면
목적을 상실한 것이다.

목표를 성취하려면
목표만 보아야 한다.

정말 행복해지려면
행복만 생각해야 한다.

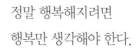

# 사람이 동물과 다른 점

동물은 본능적 충동과
습관에 따라 반응한다.

본능과 습관에 따라서만 산다면
사람도 짐승과 다를 바가 없다.

그러나 사람이 동물과 다른 점은
자기를 돌아보고
생각을 전환할 수 있다는 것이다.

# 함께 즐거워야 진짜다

다른 사람은 즐겁지 않은데
나 혼자 즐겁다면
그건 진짜 즐거움이 아니다.

다른 사람도 즐겁고
나도 즐거워야
진짜 즐거움이다.

다른 사람을 즐겁게 해주는 것을
즐기는 사람이
진짜 즐거움을 누리는 것이다.

# 방심하면 안 된다

호랑이는 사슴을 사냥할 때나
들쥐를 사냥할 때나
똑같이 집중한다.

조금이라도 방심하고
소홀히 해서는
아주 작은 일도 이루지 못한다.

작은 일, 큰일을 가리지 않고
온 맘과 정성을 다하는 것이
목표를 성취하는 방법이다.

# 참는 것은
# 해결책이 아니다

참는 것은
문제를 해결하는 것이 아니라
문제를 마음에 쌓는 것이다.

그렇게 쌓인 문제는
결국 언젠가
분노로 폭발한다.

문제의 근본적인 해결은,
문제로 보이는 것들이 모두
내 생각일 뿐이라고 아는 것이다.

그리고 내 생각이란
근거가 없는 허망한 것임을
철저히 아는 것이다.

참아야 할 게 없다는 걸
분명히 아는 것이
문제의 해결책이다.

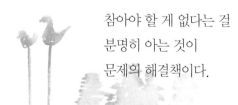

# 죽기로 결심한 사람

일이 힘들어 죽고 싶은 사람이 있었다.
그는 죽음에 대해 진지하게 생각했다.

그리고 이래 죽으나 저래 죽으나 마찬가지니
미친 듯이 일하다 죽자고 결심했다.

그는 지금 자기 사업에 성공하여
건강하고 행복하게 잘 살고 있다.

# 자기를 방어하지 마라

자기를 방어하려고
변명하지 마라.

내가 방어하려 하면
상대방은 공격하려 한다.

내가 방패로 막으면
상대방은 창으로 찌른다.

그러나 잘못을 인정하고
깨끗이 사과하면

상대방도 나를 인정하고
진심으로 공감해준다.

내가 방패를 버려야
그도 창을 버리고

손에 쥔 걸 놓아야
악수를 할 수 있다.

# 내가 성장하려면

작고 쉬운 목표는
나를 키우지 못한다.

내가 성장하기 위해
필요한 것은

큰 비전과 과감한 도전,
그리고 꾸준한 실천이다.

# PART 03 · 싱싱한 생명

6월, 떨쳐 일어서야 한다
7월, 살아 있는 것은 부드럽다

깊은 고통을
온 맘으로 겪은 이에게서

온전한 깨달음과
진정한 행복의 열매를 맺는다

6월

# 인생역전의 비결

목표를 다 성취해도
행복하지 않다면
그게 무슨 소용인가?

내가 늘 행복하다면
목표를 성취하는 것이
또 무슨 소용인가?

지금 행복하지 않다면
생각을 바꿔야 한다.

진짜 목표인 행복을 위해
행복 아닌 것은
다 버려야 한다.

내가 진짜 행복을 느낄 때
다른 목표들은
저절로 성취된다.

인생역전(人生逆轉)의 비결은
모든 생각을 뒤집어
행복으로 바꾸는 것이다.

# 자기를 이긴다는 것

자기를 이긴다는 것은

분열된 자아와
싸우는 것이 아니라

자기와의 약속을
지키는 것이다.

# 영성과 자유

대부분의 종교는
본능을 억압해서
인간을 통제하고

자본주의 사회는
본능을 자극해서
인간을 지배한다.

이런 이념적 억압과
본능의 굴레에서
벗어나는 것이 자유다.

진정한 자유는
율법과 방종 대신
깊은 영성을 누리는 것이다.

영성은 인간의 본성이며
한없는 사랑과 기쁨,
무한한 자유로움이다.

# 처음에 먹은 마음

처음에 굳게 먹은 마음이
마침내 성취하는 마음이다.

보장된 것 하나 없어도
자신의 꿈만 바라보고

그 꿈에 열정을 다하는 사람은
어느새 그 꿈이 된다.

# 배우는 자세

무엇을 배우려면
겸손해야 한다.

가르치는 사람을
비판하는 마음은

작은 것 하나도
배울 수 없다.

열심히 배우려는
겸허한 마음만이

모든 가르침을
내 것으로 만든다.

# 무엇을 위해 사는가?

무엇을 위해 사는가?

이 질문에
기쁘게 대답할 수 없다면
걸음을 멈추고 생각해야 한다.

'이렇게 살면 안 되는데' 하면서
삶을 그대로 방치하는 것은
인생에 대한 직무유기다.

인생에 정답은 없다고
포기하는 것은
진리에 대한 업무태만이다.

무엇을 위해 사는가?

이 질문에 대한 솔직한 대답이
자신의 삶이다.

# 위대함을 발견하는 지혜

미워하지 않고 용서하는 것이 지혜롭다.
용서하기보다 사랑하는 것이 지혜롭다.
사랑하고 또 존경하는 것이 더 지혜롭다.

상대방을 위대한 존재로 인정하는 사람이
자기 안에 있는 위대한 존재를 발견한다.

# 왜 선택해야 하는가?

선택하지 않아도
세상은 변한다.

그러나 내가 원하는 것을
분명히 선택하지 않으면

내가 원하는 변화는
일어나지 않는다.

# 사랑은 생명의 숨결이다

사랑에는 조건이 없다.
조건을 따지면 계산이다.

사랑에는 기대가 없다.
기대를 하면 집착이다.

사랑은 돌려받지 않는다.
돌려받으려 하면 거래다.

사랑은 주는 것도 아니고
받는 것도 아니다.

사랑은 온 세상에 가득한
생명의 숨결이다.

그래서 사랑은 함께 숨쉬며
함께 느끼는 것이다.

# 안전지대

이 세상에
안전지대는 없다.

안전한 삶을 추구하는 사람은
사소한 것까지 걱정하며
불안하게 산다.

높은 가치를 추구하는 사람은
두려움 없이 도전하며
거침없이 산다.

안전지대는
내 마음 깊은 곳에 있다.

# 진정한 휴식

진정한 휴식은
마음을 쉬는 것이다.

이래야 한다고
저래야 한다고

생각이 부지런하면
마음이 쉬지 못한다.

깊은 마음에 집중하여
고요한 기쁨을 느낄 때

우리는 비로소
진정한 휴식을 누린다.

# 해가 뜨면

하늘에 별들이 아무리 많아도
해가 뜨면 모두 사라지듯이

뚜렷한 목표 하나에만 집중하면
잡념들이 모두 사라진다.

# 고뇌에서 벗어나는 방법

불필요한 논쟁에서 벗어나는 길은
내 안에 있는 평화를 발견하는 것이다.


불편한 갈등에서 벗어나는 길은
내 안에 있는 사랑을 발견하는 것이다.


복잡한 문제에서 벗어나는 길은
내 안에 있는 감사를 발견하는 것이다.


모든 고뇌에서 벗어나는 길은
내 안에 있는 신성(神性)을 발견하는 것이다.

6월 14일

# 사명을 확인하는 법

이 세상 모든 돈이
다 내 것이라면
무엇을 하겠는가?

모든 것을 다 소유하고도
기꺼이 하는 일이
나의 사명(使命)이다.

# 깊은 고통을 겪은 이에게

고통이라는 축복 없이
진정한 행복의 발견은 어렵다.

새로운 차원의 삶에
들어서게 하는 것은

이전의 삶을 포기할 수 있을 만큼
간절한 열망이기 때문이다.

천둥과 번개, 비바람을 견디고
가을에 곡식이 열매를 맺듯

깊은 고통을
온 맘으로 겪은 이에게서

완전한 깨달음과
진정한 행복이 열매를 맺는다.

# 변화의 조건

소리 지르고 야단쳐서는
아무 변화도 일어나지 않는다.

정신적인 즐거움을 느껴야
진짜 변화가 일어난다.

내 안의 즐거움을
그와 함께 나눌 때

나에게도 그에게도
즐거운 변화가 일어난다.

# 1등을 추월해야 한다

2등을 추월했다고
만족하면 안 된다.

2등을 추월했으면
아직 2등이다.

1등을 추월해야
1등이 된다.

최고의 가치를
완전히 성취해야

부족한 상태에서
완전히 벗어난다.

# 듣기 싫은 말

듣기 싫은 말에는
큰 가르침이 들어있다.

다른 사람의 말을
편안하게 들으라는 것과

다른 의견을 인정해서
내 마음을 키우라는 것이다.

이 가르침을 듣는 사람이
큰 리더로 성장한다.

# 비교하면 눈이 먼다

비교하면 눈이 멀어서
나도 그도 보이지 않고
비교만 남는다.

나의 개성도
그의 장점도 사라지고
유치한 질투와 열등감만 남는다.

비교는 어리석음이다.
지혜로운 자는
사랑하는 마음으로 비교를 떠난다.

# 미래의 나를 창조하는 법

자기를 분석하는 것은
과거에 집착하는 것이다.

과거의 나를 분석해서
미래의 나를 창조할 수는 없다.

가장 빛나는
미래의 내 모습을 그리고

그 느낌으로 사는 것이
미래의 나를 창조하는 것이다.

# 열정을 불러내는 것

열정을 불러내는 것은
야망이지만

열정을 지속하는 것은
사명감이다.

# 떨쳐 일어서야 한다

병적인 느낌에 자기를 내맡기면
질병에서 벗어날 수 없다.

절망적인 느낌에 자기를 내맡기면
실패에서 벗어날 수 없다.

자기 내면의 무한능력을 믿고
단호하게 떨쳐 일어서는 사람만이

싱싱한 생명과
성취의 기쁨을 누린다.

# 진짜 내가 된다는 것

진짜 내가 되는 것은
무엇에나 진실해지는 것이다.

다른 이를 존경하며
조건 없이 사랑하고

자신이 하는 일을 즐겁게,
정성을 다해 하는 것이다.

진짜 내가 되는 것은
진짜 행복을 누리는 것이다.

# 왜 저럴까 싶을 때

다른 사람을 비난하는 것은
그 사람을 잘 모르기 때문이다.

모든 사람의 행동에는
원래 의도했던 선한 동기가 있다.

겉으로 드러난 결과보다
숨겨진 마음을 이해해야 한다.

그를 깊이 이해하면
비판하지 않게 된다.

# 임무를 완수하라

전쟁터에서의 죽음은
일상적인 것이다.

슬픔을 이기지 못하는
감상적인 군인은

자기 임무를
제대로 수행할 수 없다.

목숨을 걸고
전투에 달려들어

자기 임무를
완수하는 사람이

전쟁의 비극을 끝내고
새로운 세상을 연다.

# 빼앗길 수 없는 재산

누군가 나의 금고를
털어갈 수는 있지만

나의 사랑과 인내를
훔쳐갈 수는 없다.

누군가 나의 지위를
박탈할 수는 있지만

나의 지혜와 용기를
가져갈 수는 없다.

빼앗길 수 없는 재산을 늘려야
진짜 부자가 된다.

# 인상 쓰지 마라

눈을 치켜 뜨지 않으면
이마에 주름이 지지 않고

편안한 마음으로 바라보면
삶에 주름이 지지 않는다.

# 화내는 습관

사소한 것에 화내는 것이
습관이 되면

큰일에든 작은 일에든
화부터 내게 된다.

화내는 습관을 버리려면
웃는 습관을 들여야 한다.

처음엔 어색해도
자꾸만 웃다 보면

어느새 정서가 바뀌어
화가 사라진다.

# 두려워하면 잃는다

잃어버릴 것을 두려워하면
정말 잃는다.

두려워하는 것은
현실이 되기 때문이다.

이루어질 것을 열망하면
정말 이룬다.

열망하는 것은
현실이 되기 때문이다.

바라는 것을 사랑하고
간절히 열망하면

바라는 것은 이루어지고
두려움은 사라진다.

사랑은 모든 두려움보다
강하기 때문이다.

사랑은 잃을 것이 없는
완전한 마음이기 때문이다.

# 기적이 일어나려면

고착된 사고를 유지하면
기적이 일어나지 않는다.

모든 가능성을 열어놓고
더 큰 힘에 맡길 때
기적이 일어난다.

지식과 경험의
좁은 틀에서 나와야
기적을 경험할 수 있다.

행복한 삶을 원한다면
행복한 생각을 선택하고
그 생각을 따르라

위대한 삶을 원한다면
위대한 생각이 자신을
이끌어 가게 하라

7월

# 걱정을 포기하라

무엇을 잘하려는 생각은
걱정을 불러일으킨다.

그리고 걱정은
잘하는 일도 방해한다.

걱정을 포기하고
집착 없이 몰입하라.

# 문득 이루어지는 꿈

꽃이 피었다가
지고 난 뒤에
열매를 맺듯이

마음에 품은 뜻은
잊혀진 듯할 때
문득 이루어진다.

# 교훈이 되게 하려면

사랑 없이 잘못을 지적하면
상대방의 저항이 일어난다.

대안 없이 의견을 비판하면
상대방의 의욕이 꺾인다.

따뜻한 사랑과 진실한 관심만이
지적과 비판을 교훈으로 바꾼다.

# 나부터 돌아보기

누군가 나를 험담한다면
분명히 나에게 원인이 있다.

다른 사람의 비판을
반박할 것이 아니라

원인을 제공한
자기를 돌아보아야 한다.

자기를 비판하는 사람에게
감사할 수 있다면

그는 가장 지혜롭고
현명한 사람이다.

# 문제를 해결하는 지혜

삶의 문제는
끊임없이 발생하고,

우리는 그때마다
고통을 겪는다.

그러나 모든 것을 수용하고
감사하는 지혜는

모든 문제를
발전의 계기로 바꾼다.

지혜의 안목으로 보면
문제는 원래 없는 것이다.

그러므로 지혜를 구하는 것이
가장 뛰어난 해결책이다.

# 용서는 누가 하는가?

마음의 상처를 못 이기는 약한 자는
다른 사람을 용서하지 못한다.

마음이 강한 자가 용서할 수 있고
가장 강한 자가 사랑할 수 있다.

# 논쟁은 필요 없다

무엇이 옳다는 것을 증명하기 위해
논쟁을 벌일 필요는 없다.

그것이 옳다는 진짜 증거는
내 마음이 여유롭고 평화로운 것이다.

# 자기를 행복으로 몰아가라

자기를 좋은 정서로
몰아가야 한다.

감사와 즐거움이
마음에 가득 차게 해야 한다.

나를 움직이는 것은
사랑과 기쁨이다.

사랑한다는 말은 지금 하고
성취의 기쁨은 미리 느낀다.

꿈을 열망하는 사람은
지금 이미 행복하고

늘 행복한 마음은
모든 꿈을 성취한다.

# 살아 있는 것은 부드럽다

살아있는 것은 부드럽고
죽은 것은 딱딱하다.

말과 행동이 딱딱해지는 것은
시체를 닮아가는 것이다.

# 진리에 도전하라

위로를 바라며 사는 인생은
발전의 가능성이 없다.

육체적 안락과 심리적 위안으로는
고통의 굴레를 벗어날 수 없다.

앉아서 죽느니 싸우다 죽겠다는
적극적인 삶의 투지로

진정한 행복, 완전한 진리에
모든 것을 걸고 도전해야 한다.

# 원하는 삶을 위하여

행복한 사람과
불행한 사람의 차이는
생각의 차이다.

행복한 생각을 하면
행복한 사람이 되고

불행한 생각을 하면
불행한 사람이 된다.

행복한 삶을 원한다면,
행복한 생각을 선택하고
그 생각을 따르라.

위대한 삶을 원한다면,
위대한 생각이 자신을
이끌어가게 하라.

# 변화를 위한 질문

변화의 출발은
자기가 확신하던 것에 대해
의심하는 것이다.

내가 믿는 것이 진짜인가?
그 근거는 무엇인가?

이렇게 사는 것이 전부인가?
다른 가능성은 없는가?

의심은 심한 불안과 두려움을
불러일으킬 수도 있지만

의심을 철저히 파고들어야
진정한 마음의 평화에 이르게 된다.

깊은 의심을 품고
끝까지 질문하는 사람은
마침내 분명한 해답을 만나게 된다.

# 다른 사람에게 주는 것은

다른 사람에게 주는 것은
자신에게 주는 것이다.

아까운 마음으로 주면
아까운 느낌을 받게 되고

기쁜 마음으로 주면
기쁜 느낌을 받는 것이다.

다른 사람에게 주는 것은
마음으로 주는 것이고

결국 그 마음은
자신이 받아서 느끼게 된다.

# 내가 나를 무시하면

내가 나를 무시하면
남도 나를 무시하고

내가 남을 무시하면
남도 나를 무시한다.

내가 나를 인정해야
남도 나를 인정하고

내가 남을 존중해야
남도 나를 존중한다.

남도 나의 마음이라
나와 같이 반응한다.

# 모든 일은 가치중립적이다

모든 일은 가치중립적이다.
항상 좋기만 하거나
나쁘기만 한 일은 없다.

단지 일을 대하는
나의 생각과 마음 상태에 따라
괴롭거나 즐겁게 느끼는 것이다.

그러므로 자기 마음에
즐거움이 가득한 사람은
모든 일을 즐겁게 할 수 있다.

# 변명하지 마라

변명을 하는 것은
두려움 때문이고

생색을 내는 것은
열등감 때문이다.

억울함을 호소하지 말고
알아주기를 바라지 마라.

내 안에 있는 완전한 나는
부족함이 없다.

내면의 위대한 존재를 믿고
당당하게 행동하면

두려움이나 열등감은
안개처럼 사라진다.

# 일용할 양식은 밥이 아니다

일용할 양식은
밥이 아니라 사랑이다.

우리는 육체가 아니라
영적 존재다.

밥을 먹어야 육체가 살듯
사랑을 먹어야 영혼이 산다.

사랑을 먹는 것은
사랑을 베푸는 것이다.

조건 없이 사랑하며
기쁨을 느끼는 것이다.

매일 사랑을 실천하며
사랑을 충만하게 느낄 때

내 영혼이 배부르고
내 마음이 건강해진다.

# 나는 놈 위에 노는 놈

뛰는 놈 위에 나는 놈 있고
나는 놈 위에 노는 놈 있다.

내가 하는 모든 일이
놀이와 즐거움일 때

놀이는 성과를 창출하고
즐거움은 성공을 불러온다.

# 자유는 뛰어드는 것이다

자유는 벗어나는 것이 아니라
뛰어드는 것이다.

고통을 피하는 것이 아니라
기쁨에 달려드는 것이다.

본능을 따르는 것이 아니라
지혜에 복종하는 것이다.

진정한 자유는
이탈과 도피가 아니라
사랑과 헌신이다.

# 진리와 사랑의 힘

실천하게 못 하는 것은
진리가 아니고

가슴 뛰게 못 하는 것은
사랑이 아니다.

진리는 모든 것을
가능하게 만들고

사랑은 우리를
행동하게 만든다.

# 진정한 경쟁력

친절한 사람에게
친절하게 대하고

좋아하는 일을
즐겁게 하는 것은

누구나 하는 일이다.

불친절한 사람에게
친절하게 대하고

하기 싫은 일을
기꺼이 하는 것이

차별화된 경쟁력이다.

# 깨어있어야 한다

잠든 내가 스스로
깨어나는 방법은 없다.

때가 되어 일어나거나
누군가가 깨워주어야 한다.

잠깐만 자고 일어나는 건
내가 할 수 있는 일이 아니다.

나는 단지
잠들 수 있을 뿐이다.

무엇을 제대로 하려면
늘 깨어 있어야 한다.

# 흙탕물로 뒤덮인 호수라도

아무리 흙탕물로
뒤덮인 호수라도

끊임없이 샘솟는
맑은 물이 있다면

그 호수는 결국
맑아지고야 만다.

# 기타를 멈추지 마라

기타 선생님께서 알려주셨다.

코드가 틀리더라도
기타 줄은 계속 울려야 한다고.

그래야
코드를 제대로 잡게 된 뒤에도
흔들리지 않는 소리를 낸다고.

먼저 코드를 익혀야
기타 연주를 할 수 있고

코드를 바르게 잡으려면
기타 줄을 계속 울려야 한다.

# 행복은 선택이다

심각한 질병이나
끔찍한 사고조차도

어떤 이에게는
고통과 상처로 남지만,

어떤 이에게는
행복을 발견하는 계기가 된다.

행복의 비결은
모든 상황에서

행복을 찾고
행복을 선택하는 것이다.

# 즐거웠으면 그만이다

사려 깊은 사람은 말하지 않아도
도움 받은 것에 진심으로 감사한다.

자기중심적인 사람은 여러 번 말해도
도움 받은 것을 기억조차 못한다.

베풀고 나서 인정받으려는 것은
어떤 경우에도 의미가 없다.

주면서 즐겁고 받으면서 기뻤으면
그때 그것으로 전부 그만이다.

# 소통은 번역이다

소통은 번역이다.

내 언어를
상대방의 언어로 번역하고

상대방의 언어를
내 언어로 번역하는 것이다.

이 번역을
정확하게 해주는 것은

상대방에 대한
배려와 진정성이다.

# 자유는 자유를 부른다

자유로운 사람은
다른 사람도 자유롭게 한다.

다른 사람이 자유로워야
자신도 자유롭기 때문이다.

내 맘대로 하는 게
자유가 아니라

다른 사람을 자유롭게
놓아주는 게 자유다.

# 화를 내면 안 된다

공들여 해온 일에 오류가 생겨
처음부터 다시 해야 할 때
화를 내면 안 된다.

당신이 웃으며
그 일을 할 수 있을 때까지
오류는 반복되기 때문이다.

# 지루할 여유가 있다면

지루할 여유가 있다면
목표를 잃어버린 것이다.

진짜 목표는
한순간도 잊혀질 수 없고

진짜 목표가 있는 사람은
한순간도 지루할 틈이 없다.

# 이겨 놓고 싸운다

이기려고 힘들게 싸우는 게 아니라
이겨 놓고 싸운다.

돈 벌려고 힘들게 사업하는 게 아니라
벌어 놓고 사업한다.

깨달으려고 힘들게 수행하는 게 아니라
깨달아 놓고 수행한다.

마음으로 미리 결과를 정해 놓고
실천으로 원인을 제공하는 것이
실패 없이 성취하는 탁월한 방법이다.

# PART 04 · 완전한 자유

| 8월, 나는 과거가 아니다

남이 받은 복을 세면
질투가 되고

내가 받은 복을 세면
감사가 된다

남의 소를 세느라
우리 소를 굶게 하면 안 된다

8월

# 행복을 미루지 마라

열심히 힘들게 사는 건
잘 사는 게 아니다.

기쁘고 즐겁게 사는 게
잘 사는 것이다.

인간이 저지르는
가장 어리석은 일은

행복을 뒤로
미루는 것이다.

내일은 또 다른 오늘일 뿐이기에
결코 오지 않는다.

내게 주어진 일을 즐기며
지금 행복해야 한다.

# 어떻게 말을 할까

말을 잘하는 것보다
잘 말하는 것이 중요하다.

기교 있게 말하는 것보다
편안하게 말하는 것이다.

상대방을 의식하지 않고
진실한 내 마음에 집중할 때

말을 잘하지 못하더라도
잘 말할 수 있게 된다.

# 내 것을 써야 한다

남의 것을 쓰지 말고
내 것을 써야 한다.

탐욕이나 미움은
내 것이 아니다.

그것은 환상으로 빚어진
남의 물건이다.

내 마음의 창고에는
사랑과 기쁨이 가득하다.

남의 못난 물건을
훔쳐서 쓰지 말고

나의 귀한 보물을
자비롭게 써야 한다.

# 감사하는 삶

지난 일을 후회하면
아쉬워하며 살고

다가올 일을 걱정하면
불안해하며 산다.

그러나 지금 주어진
모든 것에 감사하면

감사할 일들이
저절로 펼쳐진다.

결과에 집착하지 않고
조건 없이 감사하는 사람은

주어진 모든 것을
감사로 바꾼다.

# 깨끗이 인정하라

누가 내 잘못을 지적하면
깨끗이 인정하고 즉시 개선한다.

그것이 내가 발전하고 있다는
가장 확실한 증거다.

# 생활은 연주다

삶은 노래고
생활은 연주다.

한 음 한 음을
정확히 눌러야 한다.

대충 눌러서는
좋은 소리가 나지 않는다.

모든 음이 정확해야
맑은 화음이 난다.

아무리 어려운
화음이라도

반복하다 보면
저절로 된다.

포기하지 않고
반복을 즐기면

내 삶은 아름다운
노래가 된다.

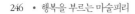

# 상대방은 고칠 게 없다

상대방을 고치려 하면
변화되지 않는다.

상대방을 고쳐야 한다는
내 생각을 고쳐야 한다.

내 생각을 철저히
고치고 보면

상대방은 고칠 게
하나도 없다.

# 문제를 해결해 주는 것은

문제를 해결해 주는 것은
문제보다 더 큰 꿈이다.

갈등을 해결해 주는 것은
갈등보다 더 큰 꿈이다.

모든 문제와 갈등은
간절한 꿈에 녹아버린다.

# 불안한 미래는 없다

불안한 미래는 없다.

불안한 생각이
불안한 현실을 만들어낼 뿐

삶의 목표에
집중하는 사람은

성취된 미래를 가져와
현재로 누린다.

어리석은 사람은
앞으로 다가올 문제를 찾고

지혜로운 사람은
지금 할 일을 즐겁게 한다.

# 너 때문이야

너 없으면 절대 못 산다던 사람이
너 때문에 정말 못 살겠다고 한다.

너 없으면 회사가 안 된다던 분이
너 때문에 회사가 이 꼴이라고 한다.

사람의 마음은
수시로 변한다.

변덕스런 마음을 믿으면
원망과 상처만 남는다.

그래서 진정으로
행복한 삶을 살려면

자신이 완전한 존재이며
행복 자체임을 알아야 한다.

# 고통에서 벗어나려면

유혹을 뿌리치지 못하면
고통을 겪는다.

감각적 욕구에 늘
끌려다니기 때문이다.

두 번 다시 고통을
겪고 싶지 않다면

감각적 즐거움과 비교할 수 없는
영적인 즐거움을 추구해야 한다.

# 힘들면 쉬자

힘들면 쉬자.
힘들다는 그 생각을 쉬자.

불편한 생각,
일한다는 생각을 쉬면

온 우주가
나를 응원하고 돕는다.

큰 믿음으로
편안히 쉬는 사람은

일한다는 생각 없이
모든 일을 해낸다.

# 생각과 행동을 바꾸는 것

감정이 바뀌어야 생각이 바뀌고
심성이 바뀌어야 행동이 바뀐다.

지식은 심성을 바꾸지 못한다.
진리를 알아야 심성이 바뀐다.

진리는 우리의 본성이고
참된 사랑과 행복이다.

진실한 사랑만이 생각을 바꾸고
진정한 행복만이 정서를 바꾼다.

# 그에게 필요한 것

퉁명스런 사람이라고 나무라면 안 된다.
그에게는 위로가 필요한 거다.

극단적인 사람이라고 화내면 안 된다.
그에게는 격려가 필요한 거다.

그를 훌륭한 존재로 인정해 주는 것이
그에게 가장 큰 위로와 격려다.

# 진정한 해방

자신을 구속(拘束)하는 것에서 벗어나도
완전히 자유로워지지는 않는다.

하나의 구속에서 벗어나면
또 다른 구속이 나타나기 때문이다.

진정한 해방은
일시적으로 구속을 벗어나는 것이 아니라
무한한 자유와 행복을 누리는 것이다.

진정한 행복을 회복하는 것이
진리의 빛을 되찾는
진짜 광복(光復)이다.

# 끝까지 가야 한다

끝까지 가본 길은
다시 가도 어렵지 않다.

끝까지 해본 일은
다시 해도 걱정이 없다.

어떤 일이 두려운 이유는
잘 모르기 때문이고

그것을 잘 모르는 이유는
끝까지 해보지 않았기 때문이다.

그러므로 나중에 다시
두려워하지 않으려면

믿음과 사명감을 갖고
이 일을 끝까지 완수해야 한다.

# 심판과 업보의 종말

신이 사랑이라는 걸 알면
심판이 두렵지 않고

불성(佛性)이 즐거움이라는 걸 알면
업보(業報)가 힘겹지 않다.

사랑과 즐거움의 바람이 불면
심판과 업보의 먹구름이 사라진다.

# 계산으로 못 가는 천국

피할 수 없으면
즐기라고 하는데

그렇게 계산해서는
즐기지 못한다.

지옥이 있을지 모르니
믿는 게 좋다는데

그렇게 계산해서는
천국에 못 간다.

순수하게 몰입하고
조건 없이 헌신할 때

삶은 즐거움이 되고
세상은 천국이 된다.

# 당당하게 직면하라

변명하고 회피하는 것은
마음이 약하기 때문이다.

강한 사람은 당당하게 직면하고
순리에 따라 해결한다.

모든 진실한 물음에는
해답이 들어 있고

모든 문제에는
해결책이 담겨 있다.

문제를 정직하게 대면하고
결과를 기꺼이 수용하는 사람에게

문제의 해결책은
저절로 드러난다.

# 가능성이 열릴 때

자기가 최고라고 여길 때
인생의 몰락이 시작되고

인생에 절망을 느낄 때
위대한 가능성이 열린다.

간절한 마음으로
깊은 바다에 뛰어들어야

값진 진주조개를
가득 담아 나올 수 있다.

# 하나씩 하나씩

한 가지 일에 집중하여
하나씩 해나가면
모든 일을 할 수 있지만

여러 가지를
한꺼번에 하려고 들면
어느 것 하나도 제대로 못 한다.

아무리 큰일이라도
지금 할 수 있는 일부터
하나씩 하나씩 해나가면 된다.

# 나는 과거가 아니다

나는 과거가 아니다.
지나간 일은 지금 나와
아무 상관이 없다.

나는 미래가 아니다.
아직 벌어지지도 않은 일에
마음 쓸 일이 없다.

나는 현재가 아니다.
지금 벌어지는 현상은
마음이 빚어낸 환상일 뿐이다.

나는 영원이다.
매 순간 샘솟는 한없는 기쁨이
진짜 나다.

# 걱정 말고 감사

걱정은
아직 벌어지지 않은 일에 대한
부정적인 생각이다.

걱정스런 생각은
걱정스런 결과를 불러오고

걱정스런 결과는
더 큰 걱정을 불러온다.

걱정을 멈추는 방법은
아직 벌어지지 않은 일에 대해
미리 감사하는 것이다.

감사하는 마음은
감사한 결과를 불러오고

감사한 결과는
더 큰 감사를 불러온다.

# 헛된 희망

미래에 대한 헛된 희망으로
오늘을 희생해서는 안 된다.

지혜로운 사람은
오늘의 행복을
내일의 환상과 바꾸지 않는다.

# 행복은 일체감이다

비교는 분리다.

내가 잘났다고 생각하든
못났다고 생각하든
나와 너는 분리되어 있다.

행복은 일체다.

그것은 너와 내가 함께
지극한 즐거움을
느끼는 것이다.

진정한 행복은
일등이 되는 것이 아니라
하나가 되는 것이다.

# 이유는 없다

싫은 데는 이유가 많아도
좋은 데는 이유가 없다.

못 하는 데는 이유가 많아도
하는 데는 이유가 없다.

이유가 사라지면
자유가 펼쳐진다.

# 터널이 가장 빠른 길이다

터널이 캄캄하다고 불평하지 마라.
터널이 가장 빠른 길이다.

얼마나 왔는가 돌아보지 마라.
얼마나 남았나 내다보지 마라.

간절한 꿈을 품고 달리는 사람은
어둠 속에서도 빛을 보고

즐거운 마음으로 달리는 사람은
이미 목적지에 도달해 있다.

# 손을 떼고 보라

우리의 본성은
기쁨과 즐거움이다.

그럼에도 늘 기쁘게
살지 못하는 것은

손으로 눈을 가려
하늘을 못 보듯이

잡다한 생각으로
행복을 가린 것이다.

어두운 생각들을
다 걷어내고 보면

내가 사는 이 세상에
기쁨만 가득하다.

# 나이와 성장

나이가 든다고
성장하는 것이 아니다.

자기를 성찰하고
다른 사람을 헤아려야
성장하는 것이다.

나이가 들어서
성장이 멈추는 게 아니다.

삶의 목적을 잃고
배움을 멈추면
성장이 멈추는 것이다.

그러나 깨달음에는
나이가 없다.

끊임없이 진리를 추구하여
진리를 깨닫는 것이
성장의 완성이다.

# 우리 소를 굶기면 안 된다

남이 받은 복을 세면
질투가 되고

내가 받은 복을 세면
감사가 된다.

남의 소를 세느라
우리 소를 굶기면 안 된다.

내 마음이
감사함으로 가득 차면

언제, 어디서나
사랑과 기쁨을 누린다.

# 집착을 버린다는 것

집착을 버린다는 것은
어떤 결과도 수용하는 것이다.

자기를 버린다는 것은
자기 사명에 헌신하는 것이다.

불필요한 생각들을 버리면
늘 마음의 평화를 누리고

샘솟는 사랑과 열정이
나를 대신해서 일한다.

# PART 05 · 무한한 능력

마음은
강화되고 생각이다

생각이 강화되면
신념이 되고

신념이 강화되면
물질이 되리라

9월

# 행복한 삶의 시작

어떤 일이든 귀찮다고 생각하면
시작하는 것도 힘들다.

'좋아, 해보자!' 하고 달려들어야
일이 되기 시작한다.

인생도 '어떻게 되겠지.'하고
막연히 기대하면
막연한 상황만 나타난다.

'행복하게 살겠어.'라고
분명히 결심해야 비로소
행복한 삶이 시작된다.

# 장애물이 보이면

눈앞에 장애물이 보인다면
목표에서 눈을 뗀 것이다.

목표만 바라보면
장애물이 보이지 않는다.

목표가 흐릿해지면
장애물이 선명해지고

목표가 분명해지면
장애물이 사라진다.

# 자기를 분석하지 마라

자기를 분석하는 것은
아무 도움이 되지 않는다.

자기분석은 자기를 제한하는
불편한 생각들을 불러낼 뿐이다.

자신의 가장
바람직한 모습을 그리고

그 느낌을 생생하게
불러일으키는 것이

자기를 개선하는
최고의 방법이다.

# 진정한 친구

내 안에 있는
가장 좋은 것을 보는 친구가
진짜 친구다.

진짜 친구는
나의 외모나 행동, 결과에 따라
태도가 달라지지 않는다.

진짜 나는
눈에 보이지 않는 영적 존재이며
한없는 사랑과 생명이기 때문이다.

진짜 나를 아는 친구가
진짜 친구다.

# 열정이 진짜 힘이 되려면

열정 없이 되는 일도 없지만
열정만 갖고 되는 일도 없다.

지혜 없는 열정은
흥분한 마음과 무질서일 뿐이다.

진짜 목표를 성취하는 열정은
지혜가 이끄는 끈기와 사명감이다.

# 변화의 가능성

깊은 슬픔에 빠진 사람은
위로의 말을 듣지 않는다.

오랜 통증에 시달린 사람은
병 낫기를 기대하지 않는다.

나를 가두는 것은
쇠창살이 아니라 제한된 생각이다.

보다 나은 삶을 살려면
변화의 가능성을 믿어야 한다.

완전한 자유와 기쁨의 삶을
간절히 열망해야 한다.

아직 가 보지 않은 길을 가야
이제껏 몰랐던 행복을 만난다.

# 고마움을 아는 사람

살을 에는 추위에도
바람이 고마운 줄 알고

눅눅한 장마철에도
비가 고마운 줄 알고

찌는 듯한 더위에도
태양이 고마운 줄 아는 사람은

선선한 가을이 올 때
풍요로운 결실의 고마움을 얻는다.

# 사랑의 표현법

진짜 사랑을 느끼면
세 가지 표현법을 익히게 된다.

편안하게 얻어먹는 법.
자신 있게 사랑받는 법.
상대방을 믿고 나를 내맡기는 법.

# 나를 미워하는 습관

나를 미워하는 습관은
모든 것을 불편하게 만든다.

나의 불편한 마음으로
온 세상을 느끼기 때문이다.

나를 미워하는 습관은
타인에 대한 사랑으로 고쳐진다.

다른 사람이 바로
나 자신이기 때문이다.

# 홀로 가야 한다

멀리 가려면
함께 가라고 하지만

내 마음의 길은
홀로 가야만 한다.

도움을 주려는 생각도
받으려는 생각도 잡념이다.

다른 사람에 대한
생각들을 내려놓고

내 안에 있는
무한한 능력과 자유를 느낄 때

비로소
누구와도 함께 갈 수 있다.

# 왜 행복하지 않을까?

많은 사람이
행복하지 않은 이유는

정작 행복에게는
눈길을 주지 않고

행복의 조건만
찾기 때문이다.

# 나도 모르는 능력

자신의 결점에 집중하는 것은
자기 능력을 가로막는 것이다.

자신을 탁월한 존재로 느끼고
무한한 능력을 믿을 때

나도 모르던 거대한 힘이
나의 일을 도와준다.

# 화가 나는 이유

화가 나는 것은
서로 다른 딱딱한 생각들이
부싯돌처럼 부딪치는 것이다.

자기 생각이 강할수록
더 격렬한 분노를 느낀다.

그러나 마음의 문을 열어
다른 가능성을 받아들이면

불같이 화가 일던 마음에도
시원한 바람이 분다.

# 성공을 좌우하는 것

내일 일을 오늘 걱정하면
오늘 일도 못 하고
내일 일도 못 한다.

걱정 없이 일에 몰입하면
오늘 일은 오늘이 하고
내일 일은 내일이 한다.

결과는 결과에 맡기고
필요한 원인만 꾸준히 제공하면
바라던 결과가 알아서 나온다.

# 당신은 무엇인가?

당신은 자신을
무엇이라고 생각하는가?

그 생각이
자신의 삶이다.

자신을
어떻게 생각하는가가

자신이
살아가는 방식이다.

자기를 가장 훌륭하게
규정하는 사람이

가장 훌륭한
삶을 산다.

# 돌아오지 않을 것처럼

내일 아침
돌아오지 않을 길을 떠날 것처럼
오늘을 산다.

돌아보면
내가 다시 돌아갈 수 있는 어제는
단 한 번도 없었다.

# 대인관계에 필요한 능력

다른 사람을 비판하는 것은
자기 허물을 모르기 때문이다.

다른 사람을 돕는 것이
자기를 돕는 것인 줄 모르기 때문이다.

사람을 대할 때 필요한 것은
분석하고 평가하는 능력이 아니라
존중하고 사랑하는 능력이다.

# 결심은 약속이다

사소한 약속은 잊혀지기 쉽지만
중요한 약속은 정확히 지키게 된다.

결심은 스스로 하는 약속이다.

내가 이 약속을
가치 있는 것으로 여길 때

마음이 정성스러워지고
최선을 다해 실천하게 된다.

# 어려움이 없다면

어려움이 없다면
가치 있는 삶이 아니다.

반대가 없다면
새로운 길이 아니고

비난이 없다면
진리의 길이 아니다.

아무 긴장 없이
살고 있다면

자기 마음을 다시
살펴보아야 한다.

9월 20일

# 머리를 부딪치는 이유

문을 들어서다
머리를 부딪치는 이유는

머리를 숙이지 않고
급하게 들어왔기 때문이다.

• 행복을 부르는 마술피리

# 믿음은 강화된 생각이다

믿음은
강화된 생각이다.

생각이 강화되면
신념이 되고

신념이 강화되면
물질이 된다.

믿음은
자발적 행동이다.

정말 믿으면
저절로 하게 된다.

믿음은 실천으로
현실을 창조한다.

# 비교를 떠나는 지혜

인간을 타락하게 하는 것은
비교와 우월감이다.

자신의 우월성을 입증하려고
노력하는 사람은

비교의 대상이
자신의 다른 모습이라는 걸 모른다.

지혜로워진다는 것은
비교를 떠나는 것이고

완전한 지혜는
모든 존재를 하나로 느끼는 것이다.

# 손님이 찾아올 때

손님에게 관심이 없고
대접도 하지 않으면
다시 찾아오지 않는다.

슬픔과 괴로움도
마찬가지다.

손님을 극진히 대접하고
열렬하게 환대하면
떠나지 않고 곁에 남는다.

기쁨과 즐거움도
마찬가지다.

기쁨도 슬픔도
관심을 갖고 대접하는 만큼
우리 곁에 머문다.

# 마음에 보름달을 띄워

참된 휴식은 보름달처럼
모든 이를 편안하게 해 주는

넉넉하고
풍요로운 마음이다.

진정한 한가위는
내 마음에 보름달을 띄워

휴식과 풍요를
만끽하는 것이다.

# 자신을 용서하라

용서할 다른 사람은 없다.
모두 자신을 용서하는 것이다.

미움과 분노로 고통을 자초한
나를 용서하는 것이다.

내가 용서하지 못한 그는
내 마음의 그림자일 뿐이다.

이제 그만 그를 용서하여
자신을 자유롭게 하라.

# 나를 방해하는 것

내 생각에 떠오르지 않는 것이
나를 방해할 수는 없다.

나를 방해하는 것은
무엇이 방해한다는 내 생각뿐이다.

지혜로운 사람은 그 생각을 접고
똑바로 자신의 길을 간다.

# 믿는 것과 아는 것

자기가 믿는 것에 대해
철저히 의심해 보지 않은 사람은
진짜로 믿는 것이 아니고

자기가 안다고 하는 것을
실제로 경험해 보지 않은 사람은
진짜로 아는 것이 아니다.

# 목표를 이루려면

정말 이루고 싶은 목표가 있다면
그것을 생생하게
마음에 그려야 한다.

내 마음에
선명하게 그려진 일은

전에 가 본 길을
다시 가는 것처럼
쉽고 자연스럽게 이루어진다.

# 끝까지 들어주기

남의 말을 걸러 듣는 것은
전혀 듣지 않는 것이다.

남의 생각은 받아들이지 않고
자기 생각만 강화하는 것이다.

경청이란 호기심을 갖고
귀를 기울이는 것이며

마음에 반발이 일어나도
끝까지 들어주는 것이다.

남의 말을 진심으로 경청하는 것은
내 마음을 두 배로 키우는 것이다.

# 내면의 기준에 따라

밖에 있는 기준에 따라
착하게 살려고 하면
자기를 상실한다.

그 결과는
억울함과 허무함이다.

자기 내면의 기준에 따라
진실하게 살아야
후회 없는 삶이 된다.

그 기준은
사랑과 감사다.

조건 없이 사랑하고
모든 일에 감사하는 것이
완전한 자기실현이다.

포기하지 않으면
누구도 실패하지 않는다

성공의 반대는
실패가 아니다

성공의 반대는 중단이고
실패의 반대는 계속이다

10월

# 사명감의 증거

허망한 꿈은 욕심에서 나오고
분명한 비전은 사명감에서 나온다.

근본 가치와 원칙을 어기는 것은
욕심의 증거고

벅찬 기쁨과 감동을 느끼는 것은
사명감의 증거다.

# 진짜 강한 것

밖을 향하던 분노가
대상에게 부딪히고 돌아오면
두려움으로 변한다.

강해 보이던 자가
한순간에 무너지는 것도
내면의 두려움 때문이다.

진짜 강한 것은
어떤 것에도 영향 받지 않는
평온한 마음이다.

# 창조의 야생으로

질서에 길들여진
생각을 버리고

창조의 야생으로
돌아가야 한다.

운명을 바꾸는 생각은
상식을 벗어난 것이다.

자신을 가슴 뛰게 만드는
그것을 믿고 도전할 때

태초(太初)의 하늘이 열리고
무한한 창조력이 발휘된다.

# 행복한 명절

추석 하늘 보름달
어디에 떠 있나.

기쁘고 즐거운
내 마음에 떠 있네.

또르르 귀뚜라미
어디에서 들리나.

푸근하고 따스한
내 맘에서 들리네.

석양 진 시골집
까르르 웃음소리

행복한 명절은
즐거운 내 마음이네.

# 내 마음에 걸림이 없으면

내 마음에 걸림이 없으면
다른 사람들도 나를
편안하게 대한다.

모든 상황에 흥분하지 않고
태연한 마음을 유지하면
일이 자연스럽게 이루어진다.

# 누구도 비난하지 않는다

죽은 사람은 더 이상
비난받지 않는다.

잘못을 철저히 반성하고
마음을 돌이킨 사람도
더 이상 미움 받지 않는다.

과거의 못난 자신이
죽어버렸기 때문이다.

그래도 비난하는 사람은
시체와 싸우는 사람이니
산 사람이 상대할 이유가 없다.

# 정말 끊는다는 것

무엇을 끊는다는 것은
절대로 하지 않는 것이다.

정말로 끊어진 것은
생각이 일어나지 않는 것이다.

완전히 자유로운 것은
하든 안 하든 상관없는 것이다.

# 열정이 지혜를 만나면

지혜 없이 들뜬 열정은
갈등과 실패를 낳는다.

그러나 포기하지 않는 열정은
결국 지혜를 만난다.

지혜의 인도를 받는 열정은
모든 것을 조화롭게 성취한다.

# 말의 창조력

말에는 창조력이 있다.

'미안하다, 미안하다.'고 하면
미안한 일들이 계속 벌어지고

'고맙다, 고맙다.'고 하면
고마운 일들이 계속 일어난다.

내가 바라는 현실은
바람직한 말로 창조된다.

자기 현실이 불만이라면
주변을 둘러볼 것이 아니라

자기도 모르게 반복하는
자신의 말을 살펴야 한다.

그리고 모든 말을
훌륭한 내용으로 바꿔야 한다.

# 천국과 극락

세속적인 성공을
신의 영광으로 여기는 사람은
구원받기 힘들고

인생의 무상함을
운명으로 받아들이는 사람은
깨달음을 얻기 힘들다.

불치병 환자도
신의 영광이고

하루살이 한 마리도
우주적 생명이다.

삶의 모든 것을
경외감으로 느낄 때

소박한 일터도 천국이 되고
평범한 일상도 극락이 된다.

# 원수를 사랑하라?

그를 '원수'라고 생각하면서
사랑할 수는 없다.

'원수'는 원한이 맺힐 정도로
미운 사람이기 때문이다.

원수를 사랑하려면
깨달음이 있어야 한다.

그도 본래 신의 자녀이고
내 형제라고 깨달아야

미운 감정을 털어버리고
사랑할 수 있다.

# 성공비결

다이어트의 성공비결은
공복감을 즐기는 것이다.

체력단련의 성공비결은
근육통을 즐기는 것이다.

시험합격의 성공비결은
밤낮 공부를 즐기는 것이다.

인간관계의 성공비결은
자존심 포기를 즐기는 것이다.

모든 일의 성공비결은
그 대가를 즐기는 것이다.

# 현실이 불만일 때

자신이 처한 현실이
마음에 들지 않는다면

자신이 바라는 현실로
바꾸면 된다.

'그게 그렇게 쉬운 일인가?'
라고 묻는다면,
그건 잘못된 질문이다.

'정말 현실을 바꾸고 싶은가?'
이 질문에 '예'라고 대답해야
변화가 시작된다.

# 깎아내리지 마라

다른 사람을 깎아내린다고
내가 더 높아지는 것이 아니다.

다른 사람을 높여 준다고
내가 더 낮아지는 것이 아니다.

다른 사람을 진심으로 높여 줄 때
더 커지고 높아지는 것은
나의 마음이다.

# 잡념 없는 몰입

골프선수는 골프공과
스윙에만 집중하면 된다.

골프공을 쳐서
홀컵에만 잘 넣으면

상금도 받고
랭킹도 올라간다.

다른 선수와
성적을 비교하거나

경기의 결과를
생각할 필요가 없다.

원인만 제공하면
결과는 따라온다.

# 잘못을 저지르는 이유

인간의 모든 잘못은
무지에서 비롯된다.

악한 행동을 하는 이유는
자신의 어리석음을
몰라서 그렇다.

그렇게 해서는
원하는 것을 못 얻는다는 걸
몰라서 그렇다.

무엇보다 자신이 원하는 게
이미 자기에게 있다는 걸
몰라서 그렇다.

# 나를 비우면

우리는 늘
어마어마한 사랑과 감사에
둘러싸여 있다.

나를 비우면
그 모든 사랑과 감사가
내 안으로 흘러 들어온다.

# 단순한 진리와 실천

진리만큼 단순하고
실천하기 쉬운 것도 없다.

그러나 마음이 번잡하면
단순한 것도 실천하기 어렵다.

마음을 고요하게 하고
깊은 마음에 나를 맡겨야 한다.

진리는 걸리지 않는 마음이고
편안한 자유로움이다.

마음이 늘 내면의 행복을 향하면
진리의 기쁨과 평화를 누리게 된다.

# 좋은 인연

좋은 인연은 만나서
서로가 행복한 것이다.

불완전한 존재들이 만나
서로를 보완하는 게 아니라

완전한 존재들이 만나
조화롭게 사는 것이다.

# 감싸주어야 할 사람

벗겨진 피부를 건드리면
몹시 아픈 것처럼

자신의 약점을 건드리면
심한 통증을 느낀다.

격렬하게 화를 내거나
심하게 반발하는 사람은

쉽게 아픔을 느끼는
약한 사람이다.

그는 겁내고 피할 대상이 아니라
따뜻이 감싸 주어야 할 사람이다.

# 내가 아니라 그가 한다

일은 내가 아니라
그가 하는 것이다.

내가 하면 힘들지만
그가 하면 쉽다.

나는 한계가 있지만
그는 한계가 없다.

내가 해야 한다고
애쓰지 말고

그에게 맡기는 것이
지혜로운 일이다.

그의 이름은
열정과 즐거움이다.

# 내가 불러들이는 것

내게 벌어지는 모든 일들은
내가 계속 반복해 온
무의식적 생각의 결과다.

내가 바라지 않는 일들도
알고 보면 모두 내가
무의식적으로 불러들인 것이다.

내가 원하는 삶을 살려면
내가 바라는 것만 거듭 생각해서
나의 현실로 불러들여야 한다.

# 다른 사람은 상관없다

다른 사람이 나를 비난한다고
친절한 마음을 버릴 필요는 없다.

다른 사람이 나를 이용한다고
배려하는 마음을 버릴 필요는 없다.

반응은 다른 사람의 것이지만,
친절과 배려는 내 것이기 때문이다.

# 가장 도움 되는 말

자기 마음을 스스로
맑게 하기는 어렵다.

다른 사람의 지적을
진심으로 수용해야 한다.

지적을 받는 것은
불편한 일이지만

외부로부터의 강한 자극은
생각의 전환을 도와준다.

가장 불편한 말이
실제로 가장 도움 되는 말이다.

# 가장 좋은 여행지

경치 좋은 여행지를
찾아다닐 것이 아니라

내 마음 깊은 곳을
여행해야 한다.

그곳에 있는
모든 좋은 것들을

마음껏 누리는 것이
진짜 여행이다.

# 자유의 날개

자신의 한계를 넘어서려고
끊임없이 노력하는 사람에게는
조금씩 조금씩 자유의 날개가 자란다.

실패처럼 보였던 모든 과정이
꾸준한 날갯짓이었음은
높은 하늘에 올랐을 때 알게 된다.

# 하나만 선택하라

마음이 혼란스러운 이유는
하나를 선택하지 못해서이다.

하나만 선택하고
하나만 생각하라.

다른 모든 것들은 다
그 '하나'를 따라온다.

# 누구도 실패하지 않는다

포기하지 않으면
누구도 실패하지 않는다.

성공의 반대는
실패가 아니다.

성공의 반대는 중단이고
실패의 반대는 계속이다.

# 진짜만 남는다

무엇을 잊어버리려고
애쓸 필요 없다.

무엇을 기억하려고도
애쓸 필요 없다.

떠날 것은 떠나고
남을 것은 남는다.

가짜는 사라지고
진짜만 남는다.

진짜 나의 본질인
영원한 생명만 남는다.

# 완전한 것을 추구해야 한다

작은 지식에
자부심을 갖지 말고

큰 지혜를
얻으려고 해야 한다.

작은 성취에
매몰되지 말고

최고의 행복을
성취해야 한다.

최선(最善)을 가로막는 건
언제나 차선(次善)이다.

참된 삶을 위해서는
최고의 진리를 추구해야 한다.

# 기억해도 좋은 것

과거의 기억은
깨끗이 정리하는 게 좋다.

과거에 대한 집착은
현재의 일을 방해할 뿐이다.

다만 한 가지
기억해도 좋은 것은

누군가가 나를 진심으로
사랑하고 도와줬다는 사실이다.

사랑하는 것에
부정적인 생각을 더하면
걱정이 되고

사랑하는 것에
긍정적인 생각을 더하면
기쁨이 된다

11월

# 은총으로 충만한 세상

신의 은총은
언제나 온 세상에 충만하다.

그렇게 충만한 은총을
드물게 경험하는 것은

육체 감각과 자기 생각에
시야가 가려졌기 때문이다.

감각의 눈을 감고
마음의 눈을 뜨면

온 세상에 가득한
신의 은총을

한없는 사랑과 기쁨으로
언제나 경험할 수 있다.

# 상상의 힘

의지력보다 강한 것이
상상력이다.

의지는 다시 불러내야 하지만
상상은 항상 따라다닌다.

행복한 상상을 계속 반복하면
떨쳐버릴 수 없는 행복이 된다.

# 가장 발전된 삶

늘 떠오르는 생각대로
반복적인 패턴에 따라 사는 것은
아무 발전이 없는 것이다.

언제나 신선한 즐거움,
늘 새로운 기쁨을 느끼는 것이
가장 발전된 삶이다.

# 생각에는 질량이 있다

생각에는 질량이 있다.

생각이 많아지면
마음이 무거워진다.

마음을 가볍게 하려면
생각을 멈추고

기쁨과 즐거움에
몰입해야 한다.

# 내가 행복해야 한다

행복하지 않은 사람이
다른 사람을 행복하게 할 수는 없다.

힘겨운 현실이나
불편한 느낌을 벗어나려면

육체적 안락이 아니라
마음의 평안을 추구해야 한다.

내가 행복해져야
모두가 행복해진다.

# 진짜 나를 기억하라

진짜 나는 영적인 존재이고
완전한 행복이다.

불행이란
진짜 나를 잊어버린 것이고

행복이란
진짜 나를 느끼는 것이다.

행복해지는 방법은
진짜 나를 기억해 내는 것이다.

# 지는 게 이기는 것

지는 게 이기는 것이라고
정말 믿는가?

기꺼이 져 본 사람은 안다.
지는 게 얼마나 큰 승리인지.

남에게 이기려는 사람은
자기 고집에 지고

더 많이 가지려는 사람은
자기 욕심에 진다.

다 져 주고
다 베푸는 사람이

자기 마음을 이기고
자유와 풍요를 누린다.

# 남김없이 써야 한다

나중을 생각해서
지금 힘을 아끼면

나중에 쓸 힘이
점점 더 줄어든다.

지금만 생각하고
남김없이 힘을 써야

나중에 필요한 힘도
막힘없이 샘솟는다.

전력(全力)을 다해 쓰면 쓸수록
힘이 더 강해지는 것이다.

# 진정으로 돕는 법

상대방을 불쌍하게 보고
물질로만 돕는 것은
의존성을 길러줄 뿐이다.

상대방을 위대한 존재로 보고
능력을 일깨워 주는 것이
진정으로 돕는 것이다.

자신을 탁월한 존재로 느끼고
스스로 할 수 있다고 믿어야
훌륭한 삶이 시작되기 때문이다.

# 두려울 게 없는 사람

잃을 것이 없는 사람은
두려울 것도 없다.

바라는 것이 없는 사람도
두려울 것이 없다.

자기 안에 있는
본래적인 행복은

잃어버릴 수도 없고
더 바랄 것도 없다.

자기 내면의 행복을 발견하면
두려울 것이 없다.

# 나의 현실은 나의 생각이다

나의 현실은 나의 생각이다.
나의 생각대로 현실은 펼쳐진다.

인생이란
자신이 무의식적 생각으로 창조한 현실에
의식적 생각으로 반응하며 사는 것이다.

그러므로 삶이 힘들다고
누구를 원망할 일이 없다.

불편한 현실을 창조하는
내 무의식만 바꾸면 된다.

바람직한 생각을
의식적으로 반복해서

무의식의 내용을
바람직하게 바꾸는 것이다.

# 최고의 시간활용법

시간을 가장 잘
활용하는 방법은

매 순간을 즐거움으로
가득 채우는 것이다.

# 변명은 그만

자기변명은
어리석은 습관이다.

변명을 하느라
부끄러운 과거를

비굴한 현재로
다시 겪기 때문이다.

잘못을 알았으면
깨끗이 인정한다.

억울한 생각은
꿀꺽 삼킨다.

나를 다시 세우는 것은
변명이 아닌 변화다.

# 스승을 찾아야 한다

무엇보다 먼저
스승을 찾아야 한다.

진짜 자기가 누구인지
아는 이를 만나야 한다.

자기를 진짜 혁신하려면
먼저 변화된 이를 만나야 한다.

스승을 만나야
좁은 생각에서 벗어날 수 있고

자신의 모든 문제를
완전히 해결할 수 있다.

# 이래야만 하는 건 없다

세상에 이래야만 하는 건 없다.

고집스러운 생각은
서로를 불편하게 할 뿐이다.

세상에 모자란 사람은 없다.

다른 사람이 모자란다는
자기 생각이 모자랄 뿐이다.

모든 상황을 그대로 받아들이고
모든 사람을 귀하게 여기면

온 세상이 평화롭고
내 마음이 자유롭다.

# 생각으로부터의 자유

생각을 단순하게 하고
사라지게 하는 것이 진리다.

진리는 불편한 생각으로부터
나를 자유롭게 해준다.

잡다한 생각이 사라지면
지극한 행복이 나타난다.

# 생각 하나의 차이

사랑하는 것에
부정적인 생각을 더하면
걱정이 되고

사랑하는 것에
긍정적인 생각을 더하면
기쁨이 된다.

책임지는 것에
부정적인 생각을 더하면
부담감이 되고

책임지는 것에
긍정적인 생각을 더하면
사명감이 된다.

내 마음이
긍정의 빛으로 가득하면

걱정과 부담이
기쁨과 보람으로 변한다.

# 사랑을 깨워야 한다

사랑에는 용기가 따로 필요 없다.
진짜 사랑이 용기이기 때문이다.

사랑하는 사람은 두려움 없이
모든 장벽을 허물고

거침없이 도전하여
성공과 행복을 성취한다.

도전하는 용기를 얻으려면 먼저
잠들어 있는 사랑을 깨워야 한다.

# 높은 의식에서 보면

복잡한 길도
위에서 내려다보면
출구를 찾을 수 있듯이

답답한 문제도
높은 의식에서 보면
해결책이 보인다.

시야를 넓혀주는
높은 의식이란
편안한 마음이다.

# 처음 그 마음으로

처음 그 마음으로
돌아갈 수는 없다.

지금 처음으로
다시 마음먹을 뿐이다.

초심을
잃지 않는다는 것은

지나간 추억을
더듬는 것이 아니라

늘 처음으로
새롭게 결심하는 것이다.

# 성장한다는 것은

사람이 성장한다는 것은
베푸는 법을 배우는 것이고

사람이 성장했다는 것은
늘 베풀게 되었다는 것이다.

# 낯선 것과 친해지기

처음 만나는 사람,
처음 해보는 일은
누구에게나 낯설다.

중요한 것은 빨리
그 사람, 그 일과
친해지는 것이다.

낯선 것과 친해지려면
내가 먼저 미소 지으며
적극적으로 다가서야 한다.

작은 것에도 애정을 갖고
모든 것을 수용하면
낯설던 것이 금방 친숙해진다.

# 타인과 나는 하나다

타인과 내가 분리된 것 같아도
마음에서 보면 모두 하나다.

타인을 비난하는 것은
자기를 비난하는 것이고

타인을 존중하는 것은
자기를 존중하는 것이다.

그가 못나게 보인다면
내 마음이 못난 것이고

그가 훌륭하게 보인다면
내 마음이 훌륭한 것이다.

# 질문이 대답을 결정한다

날카롭게 따져 묻는 사람에게
다정하게 대답하기는 어렵다.

지나간 일을 캐묻는 사람에게
비전을 제시하기는 어렵다.

정중한 태도가
성실한 대답을 이끌어내고

바람직한 질문이
훌륭한 대답을 불러온다.

# 용서와 평화

화해하지 못하는 것은
옹졸한 자존심 때문이다.

용서하지 못하는 이유는
고집스런 생각 때문이다.

먼저 화해를 청하고
조건 없이 용서하라.

그래서 잃는 것은
자존심과 집착뿐이다.

화해와 용서는
손해 보는 일이 아니다.

미움과 분노를 주고
기쁨과 평화를 얻는 것이다.

# 적당히 반성하면 안 된다

적당히 반성하고 나서
완전히 개선됐다고
착각하면 안 된다.

자기도 모르게 일어나는
습관적 생각과 행동은
쉽게 떨쳐지지 않는다.

전에 못 하던 생각이
저절로 일어나고

전에 못 하던 행동을
저절로 하게 되어야

자신이 진짜로
변화된 것이다.

# 겸손한 사람은 편안하다

자기를 낮추는 것보다
상대방을 높이는 것이
진짜 겸손이다.

겸손한 사람은
상대방을 진심으로 존중하고
작은 것에도 감사한다.

그래서 겸손한 사람은
누구를 만나도 편안하고
누구와 대화해도 즐겁다.

# 그날 웃으려면

내가 몸을 버리는 날도
오늘과 다르지 않을 것이다.

그날 웃으려면
오늘 웃어야 한다.

# 그러면 더 행복해지는가?

사회를 비판하고 사람을 비난하면
더 행복해지고 더 건강해지는가?

사회가 더 발전하고
자신이 더 성장하는가?

그게 아니라면 당장 멈추고
내면의 기쁨에 집중해야 한다.

자신이 즐거움을 누리며
타인을 즐겁게 해줄 때

자기도 성장하고
사회도 발전한다.

# 평화를 누리는 길

평화로운 마음을 원하면
어려움에 맞서야 한다.

계산하고 의심하느라
시간을 낭비하지 말고

내가 가야 할 길로
똑바로 가야 한다.

믿음으로 가는 길이
평화를 누리는 길이다.

# PART 06 · 최고의 지혜

| 12월, 내가 바라는 내가 된다

장거리 경주에서
절실히 필요한 것은

넘어지지 않는 기술이 아니라
다시 일어서는 힘이다

12월

# 진짜 화해를 원한다면

자존심은
자기를 비하한다.

옹졸하고 작은 존재로
자기를 가둔다.

진심으로 미안하고
순수하게 고마워야

다른 사람의
마음이 열린다.

진짜 화해와
좋은 관계를 원한다면

자존심과 체면을 팔아
사랑과 인정을 사라.

# 내 안에 있는 능력

외로움을 느끼는 것은
내게 있는 한없는 사랑을
모르기 때문이고

두려움을 느끼는 것은
내게 있는 무한한 능력을
모르기 때문이다.

이미 내게 있는
무제한의 사랑과 능력을 발견하면

외로움과 두려움이
환상에 불과하다는 것을 알게 된다.

# 믿는다는 것

무엇을 믿는다는 것은
믿음의 내용을 실제로 느끼는 것이다.

진정한 믿음은
잡념이 없는 순수한 몰입이고

진실한 믿음의 힘은
믿음의 내용을 현실로 만들어낸다.

# 손절매의 타이밍

주식투자에서 손절매를 하듯이
손해를 보고도
물러서야 할 때가 있다.

잘못인 줄 알면서도
자기 생각을 고집하는 것은
점점 더 큰 악재를 부른다.

자기 잘못을
깨끗이 인정하고 사과해야
새로운 기회가 온다.

# 경청이 쉬운 일인가?

다른 사람의 말을
공감하며 듣는 것은
쉬운 일이 아니다.

상대방의 말 한마디에
내가 하고 싶은 말
열 마디가 떠오르기 때문이다.

그러나 경청만큼 쉬운 일도 없다.
내 생각을 접어놓고
듣기만 하면 되기 때문이다.

듣는 사람의 생각에 따라
경청은 고역이 되기도 하고
편안한 즐거움이 되기도 한다.

# 변하고 싶은 나

변하고 싶은 나를
가장 힘들게 하는 건 언제나
변하지 않는 나였다.

변화시키려고 변화시키려고
아무리 노력해도
나는 바뀌지 않았다.

그렇게 변하지 않는 나를
완전히 포기하고 보니
나는 놀랍게 변해 있었다.

# 다 받아준다

다 받아주면
더 넓어진다.

나의 깊은 마음은
한없이 넓다.

모두 받아주면
손해라는 생각은

넓은 땅을 두고
좁은 골목에 사는 것이다.

모든 물을 받아들이는
광활한 바다처럼

모든 것을 받아주고
또 받아주면

무한한 사랑이 되고
한없는 기쁨이 된다.

# 믿어야 할 것

결정을 위해
너무 오래 고민하지 마라.

장고(長考) 끝에
악수(惡手)를 둔다.

믿어야 하는 것은
경우의 수나
계산이 아니라

자신의 선택이다.

# 진정한 성취

큰 재산이나 명예를 얻는 것은
작은 성취에 지나지 않는다.

그것은 언제라도
잃어버릴 수 있기 때문이다.

진정한 성취는
혼자 있을 때에도 외롭지 않고

남들이 알아주지 않아도
서운하지 않은

영원한 마음의 평화와
고요한 기쁨을 얻는 것이다.

# 삶은 경영이다

자기 삶을 경영하는 것은
자기 생각을 경영하는 것이다.


수익을 늘리고
비용을 줄이는 것처럼


긍정적인 생각을 늘여
부정적인 생각을 줄이는 것이다.


최고의 경영은
절대 긍정에 몰입하는 것이다.

# 인생은 영화다

인생은 3차원 시공간에
펼쳐지는 영화다.

나는 그 영화의
작가, 감독, 주인공, 관객이다.

지금까지 영화가
마음에 들지 않았다면

시나리오를 바꾸고
다시 찍으면 된다.

행복한 시나리오로
즐겁게 연기하고

편안한 객석에 앉아
느긋하게 관람하면 된다.

# 욕심과 사랑

어떤 것도 욕심을 부리는 것보다
나에게 더 큰 피해를 줄 수는 없다.

어떤 것도 사랑을 베푸는 것보다
나에게 더 큰 이익을 줄 수는 없다.

# 불편한 상황을 개선하려면

불편한 상황을 개선하려면
불편한 마음을 개선해야 한다.

어둠을 분석해서는
어둠이 사라지지 않는다.

어둠을 사라지게 하려면
불을 밝혀야 한다.

마음이 밝아지면
불편한 상황은 사라진다.

바람직한 모습에만 집중하면
상황이 개선되는 것이다.

불완전한 현실 대신
완전한 비전을 보아야 한다.

# 장거리 경주에 필요한 것

장거리 경주에서
절실히 필요한 것은

넘어지지 않는 기술이 아니라
다시 일어서는 힘이다.

# 내가 좋아지면 된다

상대방을 좋아지게 하려고
애쓸 필요 없다.

내가 좋아져서 상대를 대하면
상대방도 좋게 변한다.

중요한 것은
상대방의 변화가 아니라

상대방을 바라보는
내 마음의 변화다.

# 삶에서 승리하는 법

삶은 행복을 얻으려고
치열하게 싸우는 전쟁터다.

이 맹렬한 싸움에서
승리하는 방법은

사랑으로 공격하고
지혜로 방어하며

싱싱한 생명력을
마음껏 발휘하는 것이다.

# 목숨 걸고 하는 일

사람에게 결정된
분명한 미래는 죽음이다.

그날은 내일일 수도 있고
오늘일 수도 있다.

그러므로 지금 하는 일은
목숨이 걸린 일이다.

나는 지금 목숨을 걸고
무엇을 하고 있는가?

가장 가치 있는 일에
목숨을 걸어야 하지 않겠는가?

# 놀이의 규칙

삶은 한바탕 즐거운
놀이마당이다.

여기서 꼭 지켜야 할
놀이의 규칙은

모두가 함께
즐거움을 만끽하도록

서로의 흥을
북돋워 주는 것이다.

# 큰마음으로

큰마음으로
작은 마음을 없앤다.

베풂으로써
인색한 마음을 없애고

느긋한 마음으로
조급한 마음을 없애고

너그러운 마음으로
옹졸한 마음을 없앤다.

작은 마음이 다 사라지면
무한한 사랑과 기쁨만 남는다.

# 세상을 변화시키는 사람

세상을 변화시키려면 먼저
자신을 변화시켜야 한다.

행복하지 않은 사람이
행복한 세상을 만들 순 없다.

세상을 조금이라도
행복하게 바꾼 사람은

먼저 자신을
변화시킨 사람이다.

# 정말 믿으면

불안과 걱정은
믿지 못하는 증거다.

정말 믿으면
걱정하지 않는다.

편안하게 지켜볼 수 있어야
정말 믿는 것이다.

# 어둠은 없다

어둠은 없다.

어둠이 있는 것이 아니라
빛이 비치지 않는 것이다.

빛이 비치면 어둠은 사라진다.
오직 빛만이 존재하는 것이다.

# 내가 바라는 내가 된다

나는 지금
내가 하고 있는 생각이다.

나는 내가 바라는
내가 되기 위해

바람직한 내 모습을
생각하고 또 생각한다.

내가 그토록 바라던
내가 되어 간다는 것,

그것보다
더 큰 기쁨은 없다.

# 이브의 의미

이브(eve)는 밤이고
저녁(evening)은 어둠이다.

캄캄한 밤,
칠흑 같은 어둠 속에서도
감사할 수 있는 것은

어둠이 짙을수록
별이 밝게 빛나고

고통이 깊을수록
희망이 간절해지기 때문이다.

# 성탄절에 필요한 것

성탄절에 필요한 것은
산타클로스가 아니라

내 초라한
마음의 말구유에

진리의 깨달음이
태어나는 것이다.

# 주고 또 주는 것

'기브 앤 테이크'(Give and Take)라고 하지만
받는 건 내 권리가 아니다.

받는 것은 상대방이 나에게
자발적으로 줄 때만 가능하다.

주는 건 언제나 가능하지만
받는 건 알 수 없는 일이다.

그러므로 내가 할 일이란
주고 또 주는 것뿐이다.

# 약속이 중요한 이유

약속의 내용보다 중요한 것은
내가 약속했다는 사실이다.

약속을 지키는 것은
상대에 대한 존중과 배려
자신에 대한 신뢰의 상징이다.

약속의 의미를 분명히 알면
손해를 보더라도 지키게 된다.

# 지옥의 실체

불행하게 사는 것은
죄를 짓는 것이다.

행복 자체인 자기의 본분을
망각한 것이기 때문이다.

지옥은 없다.

지옥이란,
불행한 생각을 하는 죄로

불행을 경험하며 사는
마음의 자기처벌이다.

# 지혜로운 사람

어리석은 사람은
인생이 길다고 생각한다.

이 삶이 지속될 줄 알고
현실에 빠져 사는 것이다.

지혜로운 사람은
인생이 한순간이라는 걸 안다.

그는 일시적인 즐거움에
만족하지 않고

변하지 않는 진리,
영속적인 행복을 추구한다.

영원한 진리와 행복의 세계에는
지혜로운 사람만 들어갈 수 있다.

# 진정한 자아실현

모든 존재의 본질은 생명과 사랑이고
우리의 본질은 행복 자체다.


꽃은 피어나게 되어 있고
열매는 맺게 되어 있는 것처럼


생명은 생명력을 드러내고
사랑은 사랑을 발산한다.


우리의 본질인 행복을 누리는 것이
진정한 자아실현이다.

# 새해가 오려면

가는 해 기쁘게 보내고
오는 해 반갑게 맞을 뿐

미련도 조바심도
낼 것이 없다.

달력을 바꾸고
일출봉에 오르기 전에

내 마음을 밝게 해야
새해가 온다.

·

에필로그

·

어렸을 때는
침략과 분쟁으로 얼룩진 우리의 역사가,
강원도 산골의 낙후된 환경이,
툭하면 아픈 허약한 몸이,
싫었다.

그러나 이제는 사랑한다.
수많은 고통을 견뎌낸 나라 대한민국을.
은근한 끈기의 강원도 뚝심을.
장애를 겪으며 단련된
나의 영혼을.

이제는 안다.
심한 고통을 이겨냈다는 것만으로도
그것이 누군가에게 희망이 된다는 것을.
그의 아픔을 내 것으로 느낄 때
나는 우리가 되어 더 강해진다는 것을.

참으로 감사하다.
밖에 있는 것만을 보았다면 발견하지 못했을
내 안의 무한한 힘을 발견하게 해주신 스승님,
그리고 그것을 발휘할 수 있도록
한마음으로 도와주는 동료들.

그래서 이 길을 간다.
뚜벅뚜벅
이 길을 간다.

# '참 나'에 관한 선언

육체는 공간적으로나 시간적으로나 유한하다.
그러나 이제 감각적 판단을 떠나 영원한 진실의 세계를 본다.

'참 나'는 영원한 존재이며 영적인 실재이다.
언제나 기쁘고 평화롭게 존속한다.

깨달은 자가 자기의 무한한 능력을 인지했듯이,
깨닫든 깨닫지 못하든, 이미 내게는 무한한 능력이 구비되어 있다.

'참 나'는 한없는 사랑이기에 모든 존재에게 무한한 사랑을 베풀고,
또한 모든 존재가 나를 한없이 사랑한다.

본래 나는 지혜 자체이기 때문에
나는 모든 것이 '참 나'임을 통찰하고 모든 것이 '참 나'를 안다.

나는 무한한 우주의 모든 존재와 일체이다.
그러므로 모든 존재와 나는 조화롭게 살아가며 즐거워한다.

나는 생명 자체이므로,
나에게 피곤이나 질병이나 나약함이란 있을 수 없다.
일할수록 싱싱하고 힘찬 생명이 약동하고,
남을 도울수록 즐거움이 용솟음친다.

내가 다가설수록 모든 존재가 한없는 생명력을 회복하며
모든 존재는 나를 언제나 생동케 한다.

아! 내가 이처럼 영원한 존재이며
무한능력의 존재임을 알게 된 것이 감사하다.
'참 나'는 감사함 자체이다.